'진짜 영어 공부 한번 해봐야지'하는
마음으로 산 책만 수십 권.
'이젠 그만 사야지'하고 마음먹었을 때
우연찮게 만난 책!
영어 공부가 꼭 탁상에서만
가능한 것이 아니라는 것을 일깨워 준 책!
덕분에 생활 속에서 영어 안테나를 세우게 됐다.

-이제 더는 영어 책 안 사리라 다짐했던
30대 초반 직장인-

영어 표현과 상식을 동시에 잡고 싶다면?

매일 10분, 기초 영어+상식의 기적!

1 놀랍게도 약어는 우리에게 굉장히 익숙하다!

영어를 잘하고 싶은가? 그럼 이미 알고 있고 쓰고 있는 것으로부터 끄집어내라. PT, AI, SF영화, QR코드, DIY, VAT, OECD, ATM…. 아마 우리가 수도 없이 사용하는 표현일 것이다. 이 책은 우리에게 이미 익숙한 약어에서부터 시작한다. 어렵게 공부하지 말고 나도 모르게 무심결에 쓰고 있던 영어 표현에서 시작하라. 어느새 영어가 만만해질 것이다.

2 놀랍게도 약어는 '필수 영단어'로 구성되어 있다!

필수 영단어로 구성!

· AI : 인공지능
  Artificial Intelligence

· VR : 가상현실
  Virtual Reality

· PPL : 간접광고
  Product Placement

AI(Artificial Intelligence), VR(Virtual Reality), PPL(Product Placement)을 구성하는 단어들을 자세히 살펴봐라. 신문 기사, 광고, 방송 등 일상생활과 초·중·고 교과 과정에서 많이 접해본 단어일 것이다. 그러니 약어를 통해 필수 영단어를 가뿐하게 익힐 수 있다.

3 놀랍게도 약어는 '핵심 상식'으로 구성되어 있다!

약어는 사회적 이슈를 반영한다. WLB, PC와 같이 현대 사회에서 사람들이 중요하게 생각하는 가치가 반영되기도 하고 SSD, IoT처럼 과학기술을 반영하기도 한다. 또한 TMI, LOL처럼 많이 사용하는 문구가 그대로 약어가 되기도 한다. 줄여서 말한다는 것은 그만큼 자주 쓰는 말이라는 뜻이다. 그러니 약어는 곧 취업과 지적 대화에 필요한 상식, 교양과 직결되는 키워드이다.

- WLB : 일과 삶의 균형
  Work and Life Balance
- PC : 정치적 올바름
  Political Correctness

- SSD : 에스에스디
  Solid State Drive
- IoT : 사물인터넷
  Internet of Things

- TMI : 너무 과한 정보
  Too Much Information
- LOL : 크게 웃다
  Laugh Out Loud

4 놀랍게도 약어는 영어와 상식을 동시에 폭발시킬 수 있다!

이 책으로 공부하다 보면, 기대 이상으로 쉽고 빠르게 기초 상식과 필수 영단어를 익힐 수 있다. 이와 더불어 이제껏 일상생활에서 무심코 지나쳤던 약어에 '지적 호기심'을 갖게 되면서 영어와 상식이 동시에 폭발적으로 늘어날 것이다. 일상생활에서 지적 호기심과 영어 안테나가 생긴다면? 그건 돈 주고도 못 살 영어 습관을 얻게 되는 것이니까 한번 속는 셈 치고 투자해 볼 만하지 않은가 !

영어   상식

매일 10분, 기초 영어+상식의 기적!
훈련 매뉴얼 ▦

STEP 1
STEP 2
STEP 3

STEP 1

001 VOD
Video On Demand

STEP 2 어휘 톡톡

- **video** 비디오, 영상
  The company released a short **video** clip.
  그 회사는 짧은 영상 클립을 공개했다.

- **demand** 요구; 요구하다
  He **demands** an explanation for your behavior.
  그는 네 행동에 대한 설명을 요구한다.

- **on demand** 주문식의; 요구에 따라서
  We provide transportation services **on demand**.
  우리는 요청에 따라 운송 서비스를 제공합니다.

STEP 3 상식 쑥쑥

VOD는 Video On Demand의 줄임말이야!

전통적인 텔레비전 시청이나 영화 관람과 다르게 사용자가 원하는 영상을 원하는 시간에 제공하는 서비스야. 우리말로는 주문형 비디오 혹은 맞춤형 비디오라고 해.
내가 놓친 영화나 드라마를 언제 어디서든 편리하게 볼 수 있다는 매력에 점점 더 많은 사람이 이용하는 추세야. 삶의 방식이 점점 다양해지고 있는 시대인 만큼 다른 분야에서도 주문형 서비스가 앞으로 더 주목을 받을 거야. 영상뿐만 아니라 출판·배송 등 다양한 업계에서도 주문형 서비스가 활발해지고 있어.

1 무심코 지나쳤던 영어 약어에 주목한다

이 책은 일상생활에서 자주 만났던 '알고 보면 쓸데 있는' 기특한 약어 132개로 구성되어 있다. STEP 1에는 약어 발음, 의미 등 핵심 내용이 담겨 있어 빠르게 훑어보기 좋다. 이 약어가 실마리가 되어 영어 단어와 상식이 빠르게 확장될 것이다.

2 필수 영단어가 쉽고 빠르게 눈에 들어온다

일상생활에서 만났던 수많은 약어들은 놀랍게도 '필수 영단어'로 구성되어 있다. 다음을 반복해보자.

1 원어민 MP3를 들으며 약어를 구성하는 단어들과 대표 예문을 '이해'한다.
2 원어민 MP3를 들으며 책을 보고 '낭독'한다. (5번 이상)
3 원어민 MP3를 들으며 고개를 들어 책을 보지 않고 '암송'한다. (5번 이상)

영어를 잘 말하려면 '말하는 연습'을 해야 한다.
이해 → 낭독 → 암송 3단계를 거쳐 모든 문장을 완벽하게 내 것으로 만들어보자. 속는 셈 치고 낭독, 암송을 따라 해보라. 분명 효과가 나타날 것이다.

3 면접, 교양, 지적 대화가 한번에 OK!

지적 대화든 면접이든 시험이든 내가 정확하게 알아야 자신 있게 표현할 수 있다. STEP 3에서는 약어의 뜻, 약어가 쓰이는 상황, 스토리를 넣어 설명해주기에 마치 소설책을 읽듯 재미있게 읽어나가면 된다. 최신 트렌드에 맞으면서도 핵심이 되는 상식이 머릿속으로 쏙쏙 들어올 것이다. 이제 대충 알고 대화에 끌려가지 말고, 제대로 알고 지적 대화를 주도해 나가자!

내 기초 상식 수준 테스트 해볼까? ✏

몇 개나 아는지 테스트 해보세요!

☑ 아는 단어에 체크해보세요

▨	**UCC**	▨	**ESTA**
▨	LCC	▨	MICE
▨	**MRI**	▨	**HMR**
▨	NFC	▨	DINK
▨	**WLB**	▨	**CVV**
▨	PPL	▨	GMO
▨	**PT**	▨	**PB**
▨	AWOL	▨	radar
▨	**ASMR**	▨	**FOMO**
▨	OJT	▨	VR

1차 | 의미를 정확히 알고 있는 약어 개수 ＿＿ /20개

" 아~ QR코드! 스마트폰으로 스캔해서 읽는 정사각형 코드를 뜻하지! "

2차 | 어떤 영단어로 구성되었는지까지도 아는 약어 개수 ＿＿ /20개

" 음~ QR코드는 Quick Response(빠른 응답)!
즉, 말 그대로 빠르게 읽어낼 수 있는 코드지! "

1차 나의 상식 수준 진단

정답 개수 18개 이상

탄탄한 기초 상식을 갖춘 학습자
약어와 관련된 배경지식을 넓히며 일상생활에 적용해보도록 하자.
관심 가는 주제는 더 자세히 찾아보는 것도 좋다.

정답 개수 13~17개

기초 상식에 관심이 필요한 학습자
STEP 3를 집중적으로 읽어보며 상식을 쌓아 나가도록 하자.
배운 표현을 사용해 지적 대화를 주도해나가면 좋다.

정답 개수 0~12개

기초 상식과 친숙해져야 할 학습자
약어 발음법, 약어 의미 등을 꼼꼼히 학습하며 STEP 1~3를 균형 있게 공부
한다. 특히 STEP 3를 2~3회독 하여 완전히 내 것으로 만들도록 한다.

2차 나의 필수 영단어 수준 진단

정답 개수 16개 이상

필수 영단어 실력과 영어 안테나를 두루 갖춘 학습자
상식과 영어 표현을 균형 있게 공부하며,
이미 안다고 생각하는 단어도 빼놓지 말고 빠르게 훑어본다.

정답 개수 10~15개

평소 영단어에 관심이 필요한 학습자
평소 영어 안테나를 세워 다양한 영어 표현에 관심을 갖는다. 단어를 학
습했는데 잘 모르겠다면, 따로 단어장을 만들어 반복해도 좋다.

정답 개수 0~9개

필수 영단어와 친숙해져야 할 학습자
STEP 2를 집중적으로 공부한다. 대표 예문을 5번 이상 소리 내어 낭독
하고 암송한다. 책을 끝까지 공부한 후 최소 2~3회독 하도록 한다.

이 책을 공부하는 방법 📖

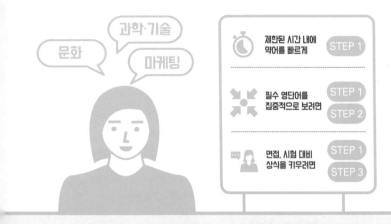

1 책을 읽는 순서는 자유롭게

꼭 책의 순서를 따르지 않아도 된다. 문화, 사회, 마케팅, 경제, 과학, IT, 의료 등 분야별로 나눠져 있는 만큼 관심 있는 분야가 있다면 먼저 읽어도 좋다.

2 목적에 따라 다른 방법으로 공부하기

제한된 시간 내에 약어를 빠르게 훑어보거나, 학습 후 빠르게 복습하길 원하는가? STEP 1을 보라!

필수 영단어를 집중적으로 보기 원하는가? STEP 1과 함께 STEP 2를 보라!

영어 면접, 시험에 대비해 상식을 키우기 원하는가? STEP 1과 함께 STEP 3를 집중적으로 읽어라!

특별한 목적이 있는 경우가 아니라면 STEP 1, 2, 3를 순서대로 읽되 반드시 2번 이상 반복하는 것을 추천한다.

효과적인 학습을 위한 5계명

1 가볍게 읽어라!

2 큰 소리로 여러 번 읽어보고 암송하라!

3 스스로 테스트하라!

4 일상생활에서 떠올려라!

5 평소에 영어 안테나를 세워라!

1 가볍게 읽어라!

이 책은 책상에 앉아서 맘먹고 어렵게 시작하는 책이 아니다. 책을 지니고 다니며 가볍게 부담 없이 읽되 여러 번 읽어라.

2 큰 소리로 여러 번 읽어보고 암송하라!

눈으로 읽기만 하고 소리 내는 연습을 하지 않으면 결코 영어로 대화할 수 없다는 것을 기억하라. 책에 나온 예문을 듣고, 반복해서 낭독하고, 암송하도록 한다.

3 스스로 테스트하라!

학습 후에 약어만 보면서 스스로 영어 단어와 상식을 떠올려 보면서 테스트 해본다.

4 일상생활에서 떠올려라!

배운 것을 친구에게 의식적으로 써먹어도 보고, 신문, 인터넷 기사를 보고 떠올려 보기도 하라. 온전히 내 것을 만들기 위한 과정이다.

5 평소에 영어 안테나를 세워라!

무심코 지나쳤던 약어들에 '안테나'를 세우면 영어와 상식은 폭발적으로 늘어날 것이다. 돈 주고도 못 사는 좋은 공부 습관이다.

목차

PART 1 문화·레저

PART 2 사회·시사

PART 7 의료·보건

PART 8 군사·국제

PART 1

문화·레저

일만 하고 살 수 없다!
당신의 여가 생활을 더 알차게
만들어 줄 영어 + 상식

VOD
Video On Demand

브이오디 | 주문형 비디오
사용자가 원하는 영상을 원하는
시간에 제공하는 서비스

+ 어휘 톡톡

· **video** 비디오, 영상
The company released a short video clip.
그 회사는 짧은 영상 클립을 공개했다.

· **demand** 요구; 요구하다
He demands an explanation for your behavior.
그는 네 행동에 대한 설명을 요구한다.

· **on demand** 주문식의; 요구에 따라서
We provide transportation services on demand.
우리는 요청에 따라 운송 서비스를 제공합니다.

+ 상식 쑥쑥

VOD는 Video On Demand의 줄임말이야!

전통적인 텔레비전 시청이나 영화 관람과 다르게 사용자가 원하는
영상을 원하는 시간에 제공하는 서비스야. 우리말로는 주문형 비
디오 혹은 맞춤형 비디오라고 해.

내가 놓친 영화나 드라마를 언제 어디서든 편리하게 볼 수 있다는
매력에 점점 더 많은 사람이 이용하는 추세야. 삶의 방식이 점점
다양해지고 있는 시대인 만큼 다른 분야에서도 주문형 서비스가
앞으로 더 주목을 받을 거야. 영상뿐만 아니라 출판·배송 등 다양
한 업계에서도 주문형 서비스가 활발해지고 있어.

UCC
User-Created Content

유씨씨 | 사용자 창작 콘텐트
사용자가 직접 만든 텍스트, 이미지,
동영상 등의 게시물

+ 어휘 톡톡

· **user** 사용자   **+ use** 사용하다
We're collecting feedback from professional users of the software.
우리는 전문적인 소프트웨어 사용자들의 피드백을 모으고 있습니다.

· **create** 만들다, 창조하다
He tried to create a good impression.
그는 좋은 인상을 만들기 위해 노력했다.

· **user-created** 사용자가 만든

· **content** (-s) 속에 든 것들, (-s) 목차, 내용, 주제
Children are exposed to violent content on TV.
아이들은 TV의 폭력적인 내용에 노출되어 있다.

+ 상식 쏙쏙

UCC는 User-Created Content의 줄임말이야!

인터넷 환경이 발달하면서 인터넷 서비스 사용자들은 직접 만든 콘텐트를 인터넷에 손쉽게 올릴 수 있게 되었어. UCC는 서비스 업체가 아닌 사용자가 직접 만들어서 올리는 텍스트, 이미지, 동영상 등 다양한 형태의 게시물을 다 포함하는 말이야.

사실 UCC는 콩글리시고 영미권에서는 UCC 대신 UGC(User-Generated Content)라는 용어를 사용해. 한국어로 해석해 보면 '사용자 제작 콘텐트'라는 뜻이야. 단어는 다르지만, 우리가 쓰는 UCC와 영미권에서 사용하는 UGC는 같은 대상을 가리켜.

17

IMAX
Image Maximum

아이맥스
최대 크기로 영상을 감상할
수 있는 영화 형태

+ 어휘 톡톡

· **image** 이미지, 인상, 영상, 모습
The projector displays a computer image on a screen.
프로젝터가 컴퓨터 이미지를 스크린에 나타낸다.

· **maximum** 최고의; 최대
The maximum weight of carry-on luggage is 10kg.
휴대용 수화물의 최대 무게는 10kg이다.

+ 상식 쑥쑥

IMAX는 Image Maximum의 줄임말이야!

eye maximum(맨눈으로 볼 수 있는 최대치의 시각 폭)의 약어라
는 설도 있어. IMAX 필름은 같은 이름의 캐나다 영화 제작사에서
개발한 포맷이고, 이 필름으로 촬영한 영화를 IMAX 영화라고 해.
일반적인 영화 필름 너비는 35mm이지만, IMAX 필름 너비는
70mm야. 또한, 필름 너비를 화면의 세로로 이용하여 필름에 새겨
지는 화면 크기를 최대한 크게 했어. 원본 화면이 큰 만큼 해상도
가 높아서 초대형 스크린에 영사해도 생생한 화질로 영화를 볼 수
있어.

SF
Science Fiction

에스에프 | 공상 과학
과학을 주제로 하는 허구적인
이야기를 다루는 소설과 영화

+ 어휘 톡톡

· **science** 과학, 학문   **+ scientific** 과학적인 **scientist** 과학자
  Science has brought us many benefits.
  과학은 우리에게 많은 이점을 가져다주었다.

· **fiction** 소설, 허구
  The movie is a complete work of fiction.
  이 영화는 완전히 허구입니다.

+ 상식 쑥쑥

SF는 Science Fiction의 줄임말이야!

science fiction은 Sci-Fi라고도 줄여 쓸 수 있어. 과학을 주제로 하는 소설과 영화는 다 SF물에 속해. SF물은 과학 기술 자체보다는 과학의 발전과 그에 따라 달라질 미래의 인류문명을 그려.

SF물에 나오는 미래 모습은 지금으로서는 다소 황당무계해 보이기도 하지. 아마 요하네스 케플러(Johannes Kepler)가 1634년에 달 여행을 소재로 한 소설 〈꿈 Somnium〉을 발표했을 때도 사람이 달에 간다는 건 아주 허무맹랑한 소리라고 생각했을 거야. 그렇지만 1969년에 인류가 달에 처음으로 발을 딛는 일이 진짜로 일어났지. 우리가 재미로 읽는 SF 소설 속 미래도 언제 현실이 될지 몰라.

CG
Computer Graphics

씨지 | 컴퓨터 그래픽스
컴퓨터를 이용해서 만들어 내는
화상 전반과 이를 제작하는 기법

+ 어휘 톡톡

· **computer** 컴퓨터
I couldn't recover the computer system.
저는 컴퓨터 시스템을 복구할 수 없었어요.

· **graphic** 그래픽, 삽화; 그래프의, 도식적인, 생생한
Her brother is a famous graphic artist.
그녀의 남동생은 유명한 그래픽 예술가야.

+ 상식 쑥쑥

CG는 Computer Graphics의 줄임말이야!

CG는 컴퓨터를 이용해서 만들어 내는 화상 전반과 이를 제작하는
기법을 통틀어 일컫는 용어야.
예전에는 특수한 장면을 촬영하기 위해 거의 전적으로 특수효과
(SFX-Special Effects)에 의존해야 했어. 괴물이 등장하는 영화를
찍는다고 하면 배우가 괴물 분장을 한 후 촬영하는 거지. 그러나
CG 기술 발전은 다른 선택지를 가지고 왔어. 영화 〈반지의 제왕〉
에서는 배우가 골룸 탈을 쓰고 연기하는 대신 컴퓨터로 만든 캐릭
터에 따로 촬영해둔 배우의 표정과 움직임을 입혔어. 그래서 CG임
에도 불구하고 진짜 배우의 연기를 보는 듯한 느낌을 주지.

BGM
Background Music

비지엠 | 배경 음악
배경 분위기 조성을 위해
트는 음악

+ 어휘 톡톡

· **background** 배경, 배후 사정, 이면
You can set a background image on a smartphone.
너는 스마트폰 배경화면을 설정할 수 있어.
You should make an effort to understand people
from different cultural backgrounds.
너는 다른 문화적 배경을 가진 사람들을 이해하기 위해 노력해야
해.

· **music** 음악　**+ musician** 음악가 **musical** 음악의; 뮤지컬
Can we put on some music?
음악 좀 틀어도 될까요?

+ 상식 쑥쑥

BGM은 Background Music의 줄임말이야!

인터넷 게시글을 읽거나 게임을 할 때 종종 흘러나오는 BGM. 귀
기울여 듣지 않아도 없으면 허전하지. BGM은 배경 음악이라는 뜻
그대로 배경 분위기를 조성하려고 틀어놓는 음악이야.
우리는 알게 모르게 배경 음악의 영향을 받아. 드라마 속 배우가
울고 있는 장면에 슬픈 음악이 흐르면 등장인물의 감정이 더 잘 느
껴져. 식당에서 느린 음악을 틀어주면 손님들의 식사시간이 길어
질 것이고, 쇼핑몰에서 빠른 음악을 틀어주면 방문객들 사이에 활
기 있는 분위기가 조성돼서 구매 심리를 자극할 수도 있어.

ASMR
Autonomous Sensory Meridian Response

에이에스엠알 | 자율감각 쾌락반응
소리를 통해 감각을 자극하여 편안하고
기분 좋은 최고점에 달하게 해주는 것

+ 어휘 톡톡

· **autonomous** 자주적인, 자치의, 자율적인
The biggest concern with autonomous cars is safety.
자율 주행 차량에 대한 가장 큰 우려는 안전성이다.

· **sensory** 감각의, 지각의 **+ sense** 감각
Some areas of the brain respond to sensory stimulation.
뇌 일부분은 감각 자극에 반응한다.

· **meridian** 자오선, 정오, 최고점, 극점

· **response** 대답, 응답, 회신, 답장 **+ respond** 대답하다
I got a disappointing response from the hotel.
나는 호텔 측으로부터 실망스러운 답장을 받았다.

+ 상식 쑥쑥

ASMR은 Autonomous Sensory Meridian Response의 줄임말이야!

ASMR 영상은 연필을 깎거나, 낮은 목소리로 속삭이는 등 뇌를 자극하는 소리를 들려주는 영상이야. 이런 소리를 들으면 심신이 안정되고 잠도 잘 온다는 사람도 있어. 아직 효과에 대해 과학적으로 증명된 바는 없지만, 비 오는 날 부침개가 생각나는 것처럼 요리할 때 나는 소리를 듣는 것만으로도 맛있는 것을 먹으며 행복했던 기억이 떠올라 마음이 진정되는 것과 비슷한 이치가 아닐까 하고 추측해볼 수 있지.

EDM

Electronic Dance Music

이디엠 | 일렉트로닉 댄스 음악
전자 악기나 전자 음악 기술을
이용해 춤추기 좋게 만든 음악

+ 어휘 톡톡

· **electronic** 전자의, 전자 장비와 관련된
Many countries prohibit the use of any electronic devices while driving.
많은 국가에서 운전 중 전자 장비의 사용을 금지한다.

· **electric** 전기의, 작동하기 위해 전기를 이용하는
Click here to read more about an electric car.
전기차에 관해 더 읽으시려면 여기를 클릭하세요.

· **dance** 춤; 춤추다
They take a tap dance class.
그들은 탭 댄스 수업을 들어.

+ 상식 쑥쑥

EDM은 Electronic Dance Music의 줄임말이야!

신시사이저(synthesizer)나 드럼 머신(drum machine) 같은 전자 악기나 전자 음악 기술을 이용해 만든 음악을 전자음악이라고 해. 그중에서 특히 춤을 추기 위해 만든 음악을 총칭하는 용어가 EDM 이야. 음악 요소 중 춤과 가장 밀접하게 관련된 것이 바로 리듬인 만큼 EDM의 특징도 리듬을 많이 강조한다는 거야. EDM의 중독성 은 반복되는 리듬에서 온다고 볼 수 있어. 하우스(house), 트랩 (trap), 덥스텝(dubstep), 테크노(techno), 트랜스(trance) 음악이 다 EDM에 속하는 장르야.

MC
Master of Ceremonies

엠씨 I 진행자
행사의 전반적인 진행을
주도하는 사람

+ 어휘 톡톡

- **master** 숙련자, 주인, 석사 (학위); 숙달하다, 지배하다
  She's a master of debate.
  그녀는 토론의 대가다.

- **ceremony** 의식, 예법
  The couple will have a big wedding ceremony.
  그 커플은 성대한 결혼식을 올릴 것이다.

+ 상식 쑥쑥

MC는 Master of Ceremonies의 줄임말이야!

MC의 기원은 가톨릭 전통에서 찾아볼 수 있어. 원래 성당 예배에 필요한 의전을 담당하는 사제를 뜻했으나 점차 종교적 의미에서 벗어나 일반 행사를 주관하는 사람을 뜻하는 말로 확장되었어. 행사만큼 우리가 MC라는 표현을 자주 볼 수 있는 분야는 힙합이 야. MC 해머, MC 라이트 등 이름 앞에 MC를 붙인 힙합 아티스트 들이 많아. 진행자가 행사를 진행하듯 자신의 랩과 퍼포먼스로 무 대를 장악하고 주도한다는 의미로 썼다고 생각하면 돼. 힙합계에 서는 원래 뜻 대신 MIC Checker(마이크를 확인하는 사람), MIC Controller(마이크를 통제하는 사람), 혹은 Move the Crowd(관중 을 감동시키는 사람)라는 뜻을 부여하기도 해.

DJ
Disc Jockey

디제이 | 디스크자키
라디오나 클럽에서 음악을
들려주는 사람

+ 어휘 톡톡

· **disc** 디스크, 원반, 음반
My compact disc(=CD) player was damaged.
내 시디플레이어가 손상되었어.

· **jockey** (경마) 기수, 조종사
Two jockeys fell from horses during the race.
기수 두 명이 경주 중 말에서 떨어졌다.

+ 상식 쑥쑥

DJ는 Disc Jockey의 줄임말이야!

여기서 disc는 LP 레코드(long-playing record)나 CD(compact disc) 같은 음반을 가리키는 말이야. 그러니 DJ는 기수가 말을 몰 듯이 음반을 다루어 청자들을 몰아가는 사람이라고 볼 수 있어. 음악을 들려준다는 것이 클럽 DJ와 라디오 DJ의 공통점이잖아.

라디오 DJ는 프로그램의 성격에 맞춰 곡을 틀어주고 그에 대한 정보를 제공해주지. 클래식이나 팝 음악처럼 특정 장르에 대해 박식해서 풍부한 지식을 전달해주기도 해.

클럽 DJ는 자신만의 음악적 감각을 발휘해 기존 음악을 해석하고 재조합해서 들려줘. 같은 음악도 어떤 DJ가 틀어주느냐에 따라 느낌이 완전히 달라질 수 있어.

FA
Free Agent

에프에이 | 자유 계약 선수
원하는 구단과 자유롭게 계약을
맺을 수 있는 프로 선수

+ 어휘 톡톡

- **free** 자유로운, 무료의, 면제된; 자유롭게 하다, 해방하다
  Feel free to tell me if you want anything.
  원하는 것이 있다면 자유롭게 말씀해주세요.
  I got free movie tickets.
  나 무료 영화표를 얻었어.

- **agent** 대리인[점], 수사관, 요원, 행위자
  He is set to become a free agent following this season.
  그는 이번 시즌이 끝나면 FA 선수가 될 예정이다.

+ 상식 쑥쑥

FA는 Free Agent의 줄임말이야!

FA는 어느 구단과도 자유롭게 계약 협상을 할 수 있는 선수, 혹은
그 제도를 뜻해.

선수가 계약 기간이 끝나면 원하는 구단과 자유롭게 협상하는 게
당연해 보이지만 미국 프로야구 메이저리그에는 선수 보류권 조항
이라는 것이 있어서 소속 구단이 원할 경우 선수 의사와 상관없이
무조건 재계약을 해야 했어.

더 좋은 조건으로 계약할 수 있는 길이 차단되었으니 선수들은 이
제도에 불만을 가질 수밖에 없었지. 결국, 메서스미스와 맥널리라
는 선수가 소송을 벌인 끝에 1976년부터 일정 요건을 갖춘 선수들
에게 FA 자격을 주기 시작했어.

PT
Personal Trainer

피티 | 개인 트레이너
개인에게 맞는 운동 처방을 해 주고
그에 따라 지도해 주는 개인 트레이너

+ 어휘 톡톡

· **personal** 개인의, 개인적인 **+ person** 사람, 개인
It's just my personal opinion.
이건 내 개인적인 의견일 뿐이야.

· **trainer** 훈련시키는 사람, 트레이너 **+ train** 훈련하다
A personal trainer helps you reach your fitness goals.
개인 트레이너는 당신이 신체 단련 목적을 성취하도록 도움을 준다.

+ 상식 쏙쏙

PT는 Personal Trainer의 줄임말이야!

피트니스 센터(fitness center)의 PT는 개인에게 맞는 운동 처방을 해 주고 그에 따라 지도해 주는 개인 트레이너를 말해. PT를 이용하면 내 체형과 체력, 운동 목적에 딱 맞는 운동을 할 수 있어. 내가 잘못된 자세나 무리한 프로그램으로 운동하고 있는 것은 아닌지 걱정하는 초보자들도 PT의 도움을 받아.

PT는 physical therapist(물리 치료사), physical training(신체 단련, PT 체조)의 약자기도 해. 또, '기획안 PT 준비'에서 PT는 presentation(발표)의 약자인데 영미권에서는 presentation을 PT라고 줄여 쓰지 않는다는 것에 유의해.

27

SCUBA

스쿠버 | 자급식 수중 호흡기
물속에서 자급적으로 호흡할 수
있는 기구

Self-Contained Underwater Breathing Apparatus

+ 어휘 톡톡

- **self-** 자기, 스스로
  The self-service cafeteria is open 24 hours.
  그 셀프서비스 식당은 24시간 연다.

- **contain** 포함하다, 억제하다
  This website contains a lot of important information.
  이 웹사이트는 많은 중요한 정보를 담고 있다

- **self-contained** 자족적인, 필요한 것을 완비한

- **underwater** 수중의

- **breathing** 호흡 **+ breathe** 숨 쉬다

- **apparatus** 기구, 장치

+ 상식 쑥쑥

SCUBA는 Self-Contained Underwater Breathing Apparatus의 줄임말이야!

스쿠버는 물속에서 자급적으로 호흡할 수 있는 기구야. 스쿠버 다이빙을 할 때 사람들이 등에 메고 있는 그 공기통을 포함한 호흡을 도와주는 장비들을 말해. 스쿠버 다이빙이라고 하면 자급식 수중 호흡기를 달고 하는 잠수 활동이라는 뜻이지. 참고로 다이빙의 다른 한 방식인 스킨 다이빙(skin diving)은 공기통 없이 스노클(snorkel)이라는 튜브로 호흡하기 때문에 수심이 깊은 곳으로는 갈 수 없고 잠수시간이 짧다는 것이 스쿠버 다이빙과의 차이야.

MMORPG

엠엠오알피지
한 서버에 여러 명이
접속해 즐기는 게임

Massively Multiplayer Online Role Playing Game

+ 어휘 톡톡

· **massively** 대규모로, 크고 묵직하게

+ massive 거대한, 대규모의

It's a massively popular TV show.
그것은 엄청나게 인기 있는 텔레비전 쇼다.

· **multiplayer** 멀티플레이어; 동시에 여럿이 참여할 수 있는

· **online** 온라인의

· **role** 역할

Social media plays an important role in marketing.
소셜 미디어가 마케팅에서 중요한 역할을 한다.

· **play** 놀다, (게임을) 하다

+ 상식 쑥쑥

MMORPG는 Massively Multiplayer Online Role Playing Game의 줄임말이야!

MMORPG는 RPG에서 발전했어. RPG의 주된 특징은 가상세계에서 마법사나 검사 같은 특정한 역할을 맡는 것, 그리고 그 역할에 맞는 임무를 수행하며 캐릭터를 성장시키는 것이야. 이 RPG를 수많은 사람이 함께 즐길 수 있게 만든 것이 바로 MMORPG야. RPG의 기본 특징을 거의 그대로 가지면서 다른 사람과 커뮤니티를 형성하고 상호 작용을 한다는 특징이 추가되었어. 대표적인 MMORPG로는 〈WOW(World of Warcraft)〉, 〈리니지M〉, 〈아이온〉이 있어.

SNS
Social Networking Service

에쓰앤에쓰 | 사회 관계망 서비스

온라인으로 기존 인맥 관계를 강화하고
새로운 인맥을 쌓을 수 있게 해주는 서비스

+ 어휘 톡톡

· **social** 사회의, 사회적인, 사교적인 **+ socialize** 교제하다
The mere thought of attending social events makes
me nervous.
사교 행사에 참여한다는 걸 생각만 해도 나는 긴장돼.

· **network** 망, 관계, 네트워크; 연결하다, 방송하다
I put a lot of effort into expanding my professional
network.
나는 직업적인 관계를 확장하는 데에 많은 노력을 들였다.

· **service** 서비스, 업무
Do you offer an airport shuttle service?
공항 셔틀 서비스를 제공하시나요?

+ 상식 쑥쑥

SNS는
Social Networking Service의 줄임말이야!

밥 먹기 전에 SNS에 올릴 사진부터 찍는 것이 식문화의 일부라고
말할 정도로 SNS가 일상에 스며든 지 오래야. SNS에 글, 사진, 영
상의 형태로 근황과 생각을 공유하니 시간과 공간의 제약으로 자
주 만날 수 없었던 친구들과도 계속 관계를 유지할 수 있고 나와 비
슷한 관심사를 가진 사람과도 연결될 기회가 생겨.
수많은 팔로워를 보유하고 연예인 못지않은 인기를 누리는 SNS 스
타들을 가리키기 위해 인플루언서(influencer)라는 신조어가 생길
정도로 SNS는 새로운 사회·문화 트렌드를 주도하는 장이 되었어.

기억에 쏙쏙

1	**SCUBA**	**Self –**	스스로
	자급식 수중 호흡기	**C _____ ed**	포함된
		U _____	수중의
		B _____	호흡
		Apparatus	기구, 장치
2	**MC**	**M _____ of**	숙련자
	진행자	**C _____**	의식, 예법
3	**VOD**	**V ____**	비디오
	주문형 비디오	**On D _____**	주문식의
4	**SF**	**S _____**	과학, 학문
	공상 과학	**F _____**	소설, 허구
5	**FA**	**F ___**	자유로운
	자유 계약 선수	**A ____**	대리인, 행위자
6	**UCC**	**U ___**	사용자
	사용자 창작 콘텐츠	**C _____ d**	창작된
		C _____	내용, 주제

재미로 보는 약어 **1** 방송·언론

🔍 재미로 보는 약어

다양한 프로그램을 통해 우리에게 재미있는 오락 거리와 정치, 경제에 관한 뉴스를 전해주는 방송사들의 이름도 약자로 되어있어. 먼저 우리나라의 대표적인 지상파 방송국 이름부터 살펴보자.

➕ 약어 속 필수 영단어

MBC	Munhwa Broadcasting Corporation	문화방송
KBS	Korea Broadcasting Service	한국방송공사
SBS	Seoul Broadcasting System	서울방송
EBS	Educational Broadcasting System	한국교육방송공사

공통으로 들어가 있는 단어가 보이지? 바로 broadcasting! 이쯤 되면 broadcast가 '방송하다'라는 뜻의 단어라는 걸 알 수 있을 거야. 평소에는 영문 약어로만 불렸던 방송국들의 정식 명칭을 살펴보니, 각 방송국이 어떤 목적으로 어떤 지역에 세워졌는지 특징을 더 잘 이해할 수 있어. 그럼 우리에게도 익숙한 외국 언론들 명칭은 어떤 약어로 되어 있는지도 같이 보자.

➕ 약어 속 필수 영단어

CNN
Cable News Network
케이블, 유선 뉴스 네트워크, 망
미국의 뉴스 전문 케이블 텔레비전 채널

BBC
British Broadcasting Corporation
영국의   방송업[계]   회사, 기업
영국 공영방송사

ESPN
Entertainment and Sports Programming Network
오락, 연예   스포츠   방송 프로 편성   네트워크, 망
주로 스포츠 방송을 하는 미국의 텔레비전 채널

CCTV
China Central Television
중국의 중앙의 텔레비전
중국 관영 방송국

AP
Associated Press
연합된   언론
연합통신, 미국 신문사들이 공동으로 취재하기 위해 만든 통신사

PART 2

사회·시사

세련된 대화의 문을 열어준다.
제대로 알면 더 똑똑해 보이는
영어 + 상식

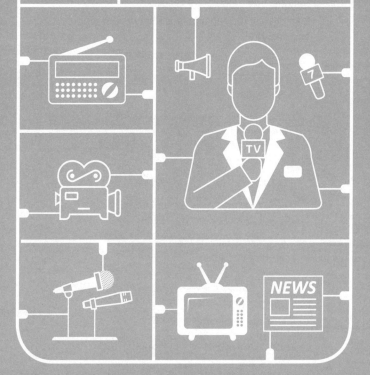

WLB
Work and Life Balance

워라밸 | 일과 생활 균형
일과 개인 생활의 균형

+ 어휘 톡톡

· **work** 일, 직장, 업무; 일하다, 작동되다, 효과가 나다
What're you going to do after work?
당신은 퇴근 후에 무엇을 할 예정이에요?

· **life** 생명, 삶, 생물
Don't waste your life.
삶을 허비하지 마.

· **balance** 균형, 잔액; 균형을 유지하다
It's not easy to keep a balance between freedom and security.
자유와 안전 사이의 균형을 유지하기는 쉽지 않다.

+ 상식 쑥쑥

WLB은 Work and Life Balance의 줄임말이야!

우리나라 노동자들의 평균 노동시간은 OECD 회원국 평균을 훨씬 웃돈다고 해. 일상적으로 야근에 시달리며 회사 일에만 매달리다 보면 개인의 행복을 놓치기 쉬워. 그렇기에 열심히 업무에 집중하는 만큼 여가와 휴식을 챙기며 WLB을 추구하는 사람들이 늘어나고 있어. 다행히 WLB의 가치에 공감하여 직원들을 위한 복지 향상에 앞장서는 기업들도 증가하고 있고 이는 사기 향상, 애사심 증가 등 긍정적 효과를 낳고 있어.

WLB 문화의 확산과 함께 여행, 스포츠 의류 등 여가와 관련된 회사들의 매출이 늘고 있다는 것 역시 주목할 만한 현상이야.

NEET

Not in Education, Employment, or Training

니트족 | 구직 의지가 없는 무직자
일하지 않고, 훈련과 교육도 받고 있지
않은 청년 무직자

+ 어휘 톡톡

· **education** 교육
The cost of a college education is rising fast.
대학 교육비가 빠르게 오르고 있다.

· **employment** 직장, 고용
　　　　　　　+ employer 고용주 **employee** 피고용인, 직원
I'm looking for full-time employment.
나는 정규직 일자리를 찾고 있어요.

· **training** 훈련, 교육, 연수
We received intensive training at a workshop.
우리는 워크숍에서 집중 훈련을 받았다.

+ 상식 쑥쑥

NEET는 Not in Education, Employment, or Training의 줄임말이야!

'학교는 졸업했는데, 취업한 상태는 아니며, 그렇다고 직업 훈련을 받는 것도 아닌 상태에 있는 청년', 한마디로 일하지 않고 일할 의지도 없는 청년들을 가리키는 말이야.

취업하기가 바늘구멍 뚫기라고 말할 정도로 경제 상황이 어렵기 때문에 많은 젊은이가 가망성이 보이지 않는다고 생각하여 취업을 포기하는 현실을 반영하는 안타까운 용어야. 취업 자체를 포기하지 않도록, 또 이미 포기한 사람들이 다시 의욕을 갖도록 사회 전반적인 해결책 모색이 필요해.

DINK
Double Income, No Kids

딩크ㅣ무자녀 이중 소득
아이가 없는 맞벌이 부부

+ 어휘 톡톡

· **double** 두 배의, 갑절의, 2인용의; 두 배로, 이중으로
I had a double cheese sandwich for lunch.
나는 점심으로 치즈가 두 배로 들어있는 샌드위치를 먹었어.

· **income** 소득, 수입
I save 40 percent of my income.
나는 소득의 40%를 저축한다.

· **kid** 아이
She was just a seven-year-old kid back then.
그때 그녀는 7살짜리 아이일 뿐이었다.

+ 상식 쑥쑥

DINK는 Double Income,
No Kids의 줄임말이야!

소득은 두 배이면서 아이는 없는, 즉 의도적으로 자녀를 두지 않는
맞벌이 부부를 말하는 단어야.

이전 세대는 결혼을 하면 으레 자녀를 낳아 기르는 것을 당연하게
여겼지. 부부가 원하지 않으면 아이를 기르지 않을 수도 있다고 말
하는 딩크족의 등장은 사회적 통념보다 개인의 주체성에 따라 살
고자 하는 시대적 흐름을 반영해.

외벌이로는 가족 부양이 힘들고, 맞벌이하면서 아이를 낳자니 아이
를 맡길 곳이 없어서 경제적인 이유로 딩크족이 되는 경우도 있어.

PC
Political Correctness

피씨 | 정치적 올바름
차별과 편견에 근거한 용어
사용을 바로 잡으려는 운동

+ 어휘 톡톡

· **political** 정치적인　**+ politics** 정치 **politician** 정치인
Education is a major political issue.
교육은 주요 정치 쟁점이다.
He's met the leaders of some political parties.
그는 몇몇 정당 지도자와 만났다.

· **correctness** 정확함, 바른 것
　　　　　　　+ correct 올바른, 정확한; 바로잡다
We have to check the correctness of the data.
우리는 자료의 정확성을 확인해야 해.

+ 상식 쑥쑥

PC는 Political Correctness의 줄임말이야!

정치적 올바름, 정치적 공정성을 의미하는 말이야. 인종, 성, 종교
등에 근거한 차별과 편견을 드러내는 언행을 바로잡자는 움직임을
가리켜. 1980년대에 미국 대학가를 중심으로 전개되기 시작했어.
PC 운동의 대표적인 예는 장애인을 표현하는 영단어의 변천이야.
미국에서 장애인을 지칭하는 단어는 disabled(불구가 된, 무능해
진)에서 handicapped(불리한 조건을 가진)를 거쳐 physically
challenged(신체적으로 도전받은)가 되었어. disabled라는 표현
은 장애인을 무능하고 의존적인 존재로 인식하는 느낌이 드는데
challenged는 확실히 장애인들의 주체성을 더 강조해.

Canola
Canadian Oil, Low Erucic Acid

카놀라 | 캐나다산 저에루스 산 오일
캐나다에서 개발한 에루스 산을 낮춘
유채 기름

+ 어휘 톡톡

· **oil** 기름; 기름을 치다
Heat the olive oil in a pot over medium heat.
올리브유를 냄비에 중간 불로 데우세요.

· **low** 낮은; 낮게
I'm running low on battery.
나 배터리가 떨어져 가.

· **acid** 산; 산성의, 신
essential amino acids
필수 아미노산

+ 상식 쑥쑥

Canola는 Canadian Oil, Low Erucic Acid의 줄임말이야!

볶음 요리나 부침 요리에 많이 사용하는 카놀라유는 전체 식용유 시장의 40% 이상을 점유할 정도로 많은 인기를 누리고 있어. 카놀라유는 사실 품종개량의 산물이야. 자연 상태의 유채는 에루스 산(erucic acid)이라는 지방산을 많이 포함하고 있는데, 이 에루스 산은 심장과 신장 질환을 유발할 수 있어 식용으로 부적합해. 그래서 캐나다 정부는 유채를 개량하여 에루스 산의 함량을 획기적으로 낮춘 신품종을 개발하였고, 'canola'라는 이름을 붙였어. 이 카놀라에서 채취한 기름이 바로 카놀라유야.

HMR
Home Meal Replacement

에이치엠알 | 간편 가정식
간단하게 먹을 수 있는
가정식 대체 식품

+ 어휘 톡톡

· **home** 가정의; 집, 가정; 집에
I just want to go home and get some rest.
나는 단지 집에 가서 쉬고 싶어.

· **meal** 식사, 끼니, 음식
I try to have a home-cooked meal.
나는 집에서 요리한 음식을 먹으려 노력해.

· **replacement** 교체, 대체물, 대체자   **+ replace** 대체하다
They provide battery replacement service for free.
그들은 무료로 배터리 교체 서비스를 제공한다.

+ 상식 쏙쏙

HMR은 Home Meal Replacement의 줄임말이야!

HMR 제품이란 데우거나 끓이는 것처럼 단순한 조리 과정만 거쳐서 간편하게 끼니를 해결할 수 있게 도와주는 제품이야. 국 한번 끓이려면 장 보고, 재료 다듬고, 육수 내고, 간 맞추는 등 손이 한두 번 가는 게 아니잖아. 1인 가구나 바쁜 맞벌이 부부에게 봉투에서 꺼내 냄비에 붓고 데우기만 하면 국 한 그릇이 뚝딱 완성되는 HMR 제품이 얼마나 매력적이겠어.

빠르게 성장하는 HMR 시장을 잡기 위해 식품회사들은 맛과 향 등 품질 측면에서 직접 만들어 먹는 음식에 뒤지지 않는 HMR 제품을 개발하는 데 주력하고 있어.

STEP 1

DIY
Do-It-Yourself

디아이와이 | 스스로 만들기
소비자가 직접 제품을
만들거나 수리하는 활동

STEP 2

+ 어휘 톡톡

- **do** 하다, 되어가다, 지내다, 효과가 있다
  do the dishes/laundry/cooking
  설거지/빨래/요리를 하다
  How is he doing?
  그는 어떻게 지내니?

- **yourself** 당신 자신, 당신 자신을[에게], 진짜 너
  by yourself
  당신 혼자서
  Be yourself.
  너답게 굴어[자연스럽게 행동해].

STEP 3

+ 상식 쏙쏙

DIY는 Do-It-Yourself의 줄임말이야!

조립이 완료된 제품을 사거나 전문가의 도움을 받는 대신 직접 재료를 고르고 내 손으로 만들어 보는 활동을 DIY라고 해. 예를 들어 완성된 쿠션을 사는 대신 천을 사다가 집에서 재봉틀을 이용하여 만드는 거지. 직접 제품을 만들어보고 싶지만, 방법을 모르거나 재료구매부터 일일이 다 하는 것을 어려워하는 사람들을 위해 적절한 가이드라인과 재료를 패키지로 공급하는 DIY 상품들도 많이 출시돼.
DIY의 장점은 비용을 절약할 수 있고, 자신만의 개성을 담을 수 있다는 거야. 경제적으로는 높은 물가가, 문화적으로는 개성을 중시하는 흐름이 DIY 열풍에 힘을 싣고 있어.

SPA
Specialty Store Retailer of Private Label Apparel

스파 | 자사 상표 의류 판매 전문점
기획, 디자인, 생산, 제조, 유통, 판매까지
전 과정을 맡는 의류 전문점

+ 어휘 톡톡

· **specialty** 전문, 특제품, 특성
What's your specialty?
(식당) 이 집의 전문이 무엇인가요?

· **retailer** 소매업자, 소매업, 유통, 판매
It's the world's largest furniture retailer.
그것은 세계 최대의 가구 판매처이다.

· **private** 개인의, 사적인
It's a private matter.
이건 개인적인 문제야.

· **apparel** 의류, 의복

+ 상식 쏙쏙

SPA는 Specialty Store Retailer of Private Label Apparel의 줄임말이야!

미국 의류회사 갭(GAP)에서 처음 사용한 용어로 'specialty store retailer(판매 전문점) + private label(자사 상표) + apparel(의류)'이 합쳐진 말이야. 한 회사가 자사 브랜드 옷을 생산하고 판매하는데 필요한 전 과정을 담당하는 방식을 의미해. 모든 과정을 한 회사에서 맡으니 생산단가와 유통비용을 절감할 수 있을 뿐만 아니라 최신 트렌드를 즉각 반영하여 제작하고 빠르게 유통까지 할 수 있어 이를 '패스트패션'이라고도 해. 자라, 유니클로, 포에버 21 등이 대표적인 글로벌 SPA 브랜드야.

LCC
Low-Cost Carrier

엘씨씨 | 저비용 항공사
필수적인 서비스만 제공하여
운임을 낮춘 항공사

+ 어휘 톡톡

· **low** 낮은; 낮게   **+ lower** 더 낮은; 낮추다
I drink low-fat milk to lose weight.
나는 체중을 감량하기 위해 저지방 우유를 마신다.

· **cost** 값, 비용; 비용이 들다
It's not enough to cover the cost of the trip.
이것은 여행비용을 충당하기에 충분하지 않아.

· **carrier** 항공사, 수송 회사   **+ carry** 운반하다, 들다
The carrier will start its direct flight between Seoul
and New York.
그 항공사는 서울과 뉴욕 사이의 직항 비행기 운항을 시작할 것
이다.

+ 상식 쑥쑥

LCC는 Low-Cost Carrier의 줄임말이야!

비행기 여행이 기대되는 것은 여행지에서 보낼 즐거운 시간 외에
도 비행기 안에서 즐길 맛있는 기내식, 재밌는 영화도 한몫하지.
그런데 사실 이런 서비스는 항공료에 다 포함되어 있어. 그리고 비
행기가 목적지에 도착하기 위해 반드시 있어야 할 서비스는 아니야.
LCC는 항공기 운항에 꼭 필요한 서비스만을 남겨 획기적으로 낮
은 가격에 항공권을 제공해. 대신 공항에서 공항까지 운송해 주는
것 외에는 다 추가 요금이 붙어. 기내식을 이용하거나, 수화물을
부치는 것에 별도로 비용을 청구하니 잘 생각해보고 합리적으로
선택하는 것이 좋아.

FOMO
Fear of Missing Out

포모 | 고립 공포증
유행에서 고립되는 것
에 대한 공포감

+ 어휘 톡톡

· **fear** 공포, 무서움; 두려워하다
I have a fear of heights.
나는 고소공포증이 있어.

· **miss** 놓치다, 빗나가다, 그리워하다, 빼먹다
Sorry, I'm going to be late. I missed the bus.
미안하지만 나 늦을 거 같아. 나 버스를 놓쳤어.

· **miss out** ~을 빠뜨리다
You're gonna miss out on such a great opportunity.
넌 정말 괜찮은 기회를 놓치게 될 거야.

+ 상식 쑥쑥

FOMO는 Fear of Missing Out의 줄임말이야!

나만 중요한 소식이나 시대의 흐름을 놓칠까 두려워하는 것을
FOMO 증후군이라고 해. 원래는 기업에서 한정판 제품을 출시하거
나 매진 임박이라는 문구를 강조하여 소비자들이 자칫하다가 인기
상품을 놓치게 되진 않을까 불안한 마음에 구매를 서두르게 만드는
마케팅 전략을 의미했어. 하지만 소셜미디어가 확산되면서 FOMO
는 사회 병리 현상으로 주목받게 되었어.
스마트폰을 비롯한 각종 디지털 기기를 통해 수시로 소셜 미디어에
접속하는 것이 습관이 된 사람들은 잠시라도 전자기기 사용이 불가
능해지면 몹시 초조해하는 데 이것이 FOMO 증후군의 증상이야.

NCS
National Competency Standards

엔씨에스 | 국가직무능력표준
직무 수행에 필요한 역량을 체계화
한 것

+ 어휘 톡톡

· **national** 국가의, 전 국민의   **+ nation** 국가, 국민, 민족
I visited the National Museum of Korea yesterday.
나는 어제 국립중앙박물관을 방문했어.

· **competency** 역량, 능숙도, 기능
The participants will gain core competency in their jobs.
참여자들은 직무에 필요한 핵심 역량을 얻을 것이다.

· **standard** 표준, 기준; 표준의, 표준에 따른, 모범적인
The toys meet safety standards.
그 장난감들은 안전 기준을 충족한다.

+ 상식 쑥쑥

NCS는 National Competency Standards의 줄임말이야!

채용 과정에서 토익 점수, 학점, 자격증 등 일률적인 기준으로 지원자를 평가하다 보니 구직자들은 스펙을 쌓느라 고군분투했는데, 막상 취업 후에는 기업에서 필요한 능력과 선발자가 쌓은 능력이 일치하지 않아 구직자와 기업 모두가 곤란을 겪는 경우가 생겼어. 이런 문제를 해결하기 위해 국가가 나서서 산업 현장에서 직무 수행에 실제로 필요한 역량을 체계화한 것이 NCS야. NCS를 구축하고 나니 직무 관련 요소에만 집중하여 지원자를 선발하는 것이 가능해졌고, 성별, 나이, 학력, 신체적 조건을 지원서에 표기하지 않는 블라인드 채용을 적극적으로 추진할 수 있게 되었어.

FAQ
Frequently Asked Questions

에프에이큐 | 자주 하는 질문
자주 하는 질문과 그에 대한
답을 정리해놓은 코너

STEP 1

STEP 2

STEP 3

+ 어휘 톡톡

· **frequently** 자주, 흔히
I check my email frequently.
나는 이메일을 자주 확인해.

· **ask** 묻다, 부탁하다, 요청하다
Can I ask you a favor?
부탁 하나 해도 될까요?

· **question** 질문, 문제; 질문하다
Does anyone have any questions?
질문 있는 사람 있나요?

+ 상식 쑥쑥

FAQ는 Frequently Asked Questions의 줄임말이야!

FAQ는 이전에 인터넷 사이트를 이용한 사람들이 했던 질문 중 가장 자주 하는 질문과 그에 대한 답변을 함께 올려놓은 문서야. 보통 내가 궁금해하는 부분은 다른 사람들도 궁금해하기 마련이라 FAQ 메뉴에 들어가면 웬만한 의문에 대한 정보를 얻을 수 있어. 사용자는 질문에 대한 답을 빨리 얻을 수 있어서 편하고, 사이트를 운영하는 측은 반복되는 질문에 답하는 수고를 덜 수 있어 효율적이야.

NGO
Non-Governmental Organization

엔지오 | 비정부 기구
일반 시민들이 공공의 이익을
위해 자발적으로 조직한 단체

+ 어휘 톡톡

· **non-** ~이 아님
This is a non-smoking area.
이곳은 금연 구역입니다.

· **governmental** 정부의   **+ government** 정부
He worked for a governmental agency.
그는 정부 기관을 위해 일했다.

· **organization** 조직, 단체, 기구
It could cause conflict within the organization.
이것은 조직 내에서 갈등을 유발할 수도 있다.

+ 상식 쑥쑥

NGO는 Non-Governmental Organization의 줄임말이야!

NGO는 일반 시민들이 공공의 이익을 위해 자발적으로 조직한 단체로 정부와는 독립적으로 운영돼. NGO는 환경, 인권, 빈곤추방, 부패 방지 등 다양한 목적을 위해 활동하고 있으며 정부가 나서지 못하는 영역에도 큰 역할을 할 수 있어. 대표적인 NGO로는 국제 민간의료 구호단체인 '국경 없는 의사회', 인권 옹호 활동을 펴는 '앰네스티', 핵실험 반대와 자연보호 운동을 펼치는 '그린피스'가 있어. 시민 단체와 관련된 아래 약어도 알아둬.

• NPO - Non-Profit Organization(비영리 기구)
• CSO - Civil Society Organization(시민사회단체)

기억에 쏙쏙

1	**WLB**	**W**▨▨▨ **and**	일
	일과 생활 균형	**L**▨▨▨	삶
		B▨▨▨▨▨▨	균형
2	**LCC**	**L**▨▨	낮은; 낮게
	저비용 항공사	**C**▨▨▨	비용
		C▨▨▨▨▨▨	항공사
3	**NCS**	**N**▨▨▨▨▨▨▨	국가의
	국가 직무 능력 표준	**C**▨▨▨▨▨▨▨▨▨	역량
		S▨▨▨▨▨▨▨**s**	표준, 기준
4	**FAQ**	**F**▨▨▨▨▨▨▨▨▨	자주
	자주 묻는 질문	**A**▨▨**ed**	묻는
		Q▨▨▨▨▨▨▨**s**	질문
5	**NEET**	**Not in**	~ 중이 아닌
	구직 의지가 없는 무직자	**E**▨▨▨▨▨▨▨,	교육
		E▨▨▨▨▨▨▨▨▨, **or**	직장, 고용
		T▨▨▨▨▨▨	훈련

🔍 재미로 보는 약어

시대가 바뀌면 생활 형태도 바뀌는 법. 사회가 다원화되면서 사람들은 다양한 생각을 가지게 되었고 다양한 가치를 추구하게 되었어. 사회 규범과 전통이 제시하는 삶의 모습 말고 내가 선택한 방식으로 내 삶을 살겠다는 움직임이 세계적으로 퍼지면서 딩크족 외에도 여러 생활 양식과 소비 트렌드를 나타내는 용어가 등장하고 있어.

➕ 약어 속 필수 영단어

YOLO   You Only Live Once
             당신 오직 살다 한 번
             오직 한 번만 산다는 신조 하에 지금 이 순간, 현실을 즐기는 데 주력하는 태도

LOHAS   Lifestyles of Health and Sustainability
             삶의 방식   건강   지속 가능성
             건강한 삶과 지속 가능한[환경친화적인] 삶을 추구하는 생활 방식

TONK   Two Only No Kids
             둘 오직 없이 아이
             자녀를 독립시키고 부부만의 생활을 즐기는 노부부

DINKpet   DINK와 pet의 합성어
             애완[반려]동물
             자식은 갖지 않지만 동물과 함께 사는 맞벌이 부부

DINT   Double Income No Time
             두 배의 소득 없이 시간
             맞벌이로 경제적 여유는 있지만 돈 쓸 시간이 없는 부부

Yuppie   Young Urban Professional
             어린, 젊은 도시의   전문직
             고등교육을 받고 도시 근교에 살며, 전문직에 종사하는 청년층

Woopie   Well-Off Older People
             부유한 더 나이 든 사람들
             은퇴했으나 경제적 여유가 있는 노년층

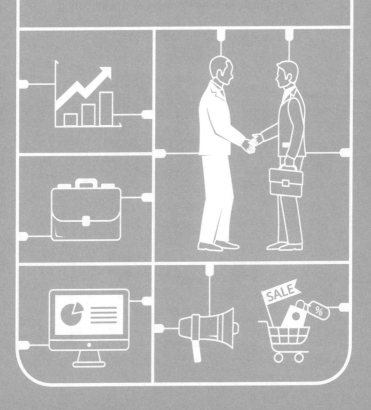

PART 3

마케팅·경영

업무 감각을 끌어올려 준다!
직장 생활에 보탬이 되는
영어 + 상식

PR
Public Relations

피알 | 공중 관계 활동[홍보]
대중과의 관계를 좋게 하기 위한
활동

+ 어휘 톡톡

· **public** 일반 사람들, 대중; 일반인의, 대중을 위한, 공공의

+ publicity 홍보

I took public transportation instead of driving.
나는 운전하는 것 대신 대중교통을 이용했다.

· **relation** 관계, 관련
They maintained close relations with neighboring
countries.
그들은 인접 국가들과 가까운 관계를 유지했다.

+ 상식 쑥쑥

PR은 Public Relations의 줄임말이야!

일반적으로 PR이라고 하면 널리 알리는 것만을 생각할 거야. 하지
만 그보다는 대중과 좋은 관계를 구축하는 것이 PR의 핵심이야.
같은 제품이라도 기업이 대중과 어떤 관계를 맺고 있었느냐에 따
라 반응이 달라질 수 있어. 평소에 이미지가 좋았던 기업에서 내놓
은 제품이라면 왠지 더 믿을 수 있고, 이미지가 안 좋은 기업의 제
품은 선뜻 손이 가지 않았던 경험을 떠올려보면 이해가 갈 거야.
기업들은 대중과 호의적인 관계를 맺기 위해 언론 매체와 SNS를
이용해 기업 활동, 추구하는 가치와 철학을 적극적으로 알리고 있
어. PR을 이미지 포장 수단으로 생각하기보다는 진심을 소통하는
자세로 접근한다면 더 의미 있는 결과가 나올 거야.

PPL
Product Placement

피피엘 | 간접 광고
프로그램 속 소품으로 노출하는
제품 광고 형태

+ 어휘 톡톡

· **product** 제품　**+ produce** 생산하다; 농작물
Our product has several unique features.
우리 제품은 몇 가지 독특한 특징이 있습니다.

· **placement** 설치, 배치　**+ place** 장소, 곳; 두다, 배치하다
All students are required to take a placement test.
모든 학생은 배치 고사를 봐야 합니다.

+ 상식 쑥쑥

PPL은 Product Placement의 줄임말이야!

드라마나 영화 속 장면에 제품을 배치해서 자연스럽게 노출하는
광고 방식이야. 사람들은 일반적으로 직접 광고에 대한 거부감이
있어서 인터넷 동영상 앞에 재생되는 광고도 제한 시간만 지나면
빨리 넘어가려고 하고, TV를 볼 때도 광고가 계속 나오면 채널을
돌리려고 해. 그렇지만 PPL은 스타가 자연스러운 맥락에서 제품을
사용하는 장면을 보여주기 때문에 시청자들도 거부감 없이 받아들
이게 돼. 호감 가는 인물이 제품을 사용하거나 긍정적인 장면에서
제품이 나오면 브랜드와 제품에도 긍정적인 감정이 전이되는 효과
도 있어. 물론 PPL이 너무 지나치면 제품에 대해 반감을 품게 될
수도 있지.

51

STEP 1

B2C
Business to Consumer

비투씨 | 기업과 개인 간의 거래
기업이 개인 소비자에게 물건이나
서비스를 판매하는 형태의 비즈니스

STEP 2

+ 어휘 톡톡

· **business** 사업, 업체, 장사, 업무
I have a business lunch with my client.
나는 고객과 업무상 점심 식사 약속이 있어.
His company might go out of business.
그의 회사는 폐업할지도 몰라.

· **consumer** 소비자   **+ consume** 소비하다, 먹다, 마시다
The firm failed to adapt to changing consumer
trends.
그 회사는 변화하는 소비자 경향에 적응하는 것에 실패했다.

STEP 3

+ 상식 쑥쑥

B2C는 Business to Consumer의 줄임말이야!

B2C, B2B, O2O 모두 거래 형태를 나타내는 약어야. B2C는 기업
과 소비자 사이의 거래 형태를, B2B(business to business)는 기
업과 기업 사이의 거래 형태를 말해. 예를 들어 자동차를 만들어서
소비자에게 판매하는 회사는 B2C 거래를, 자동차 부품을 자동차
회사에 납품하는 회사는 B2B 거래를 하는 거야.
O2O(online to offline)는 온라인과 오프라인을 결합한 거래 형태
야. 온라인으로 주문한 제품이나 서비스를 오프라인으로 받는 것
이지. 카페에서 줄을 설 필요 없이 스마트폰으로 미리 주문하고 결
제한 후 바로 찾아갈 수 있는 것, 앱으로 야식을 시켜 먹는 것이
O2O 거래의 예야.

PB
Private Brand

피비 | 자체 상표
유통업체가 독자적으로
개발한 자체 상표

STEP 1

STEP 2

STEP 3

+ 어휘 톡톡

· **private** 개인 소유의, (특정 개인이나 집단) 전용의, 사적인
My kids go to **private** school.
내 자녀들은 사립학교에 다닌다.

· **brand** 상표, 브랜드
The advertising campaign has helped build **brand** awareness.
그 광고 캠페인은 브랜드 인지도를 세우는 데 도움이 되었다.

+ 상식 쑥쑥

PB는 Private Brand의 줄임말이야!

유통업체가 독자적으로 개발한 브랜드 상품을 PB 상품이라고 불러. 전통적으로 유통업체는 납품업체에서 물건을 받아서 공급하는 역할을 했지만 점차 기존 역할을 넘어 독자적인 제품 개발과 생산까지 영역을 넓혔어.

중간 업체가 없으므로 생산 비용을 절감할 수 있고, 그만큼 더 저렴하게 소비자에게 공급할 수 있다는 것이 PB 상품의 장점이야. 또한, 대형 할인점과 편의점에서는 주로 방문하는 고객층의 특성을 잘 파악하고 있기에 소비자들에게 더 매력적인 상품을 개발할 수 있어.

VIP
Very Important Person

브이아이피 | 귀빈, 중요 인물
정부의 주요 인물이나 국빈같이
특별하게 대우해야 할 중요한 사람

+ 어휘 톡톡

· **very** 매우, 아주
He's a very talented artist.
그는 아주 재능 있는 예술가다.

· **important** 중요한
Why is this important to you?
이게 왜 너에게 중요하니?

· **person** 사람, 개인　**+ people** 사람들
She's the right person for the job.
그녀가 그 일에 적임자야.

+ 상식 쑥쑥

VIP는 Very Important Person의 줄임말이야!

VIP는 매출을 많이 올려주거나 사회적 인지도가 높아 특별한 주의를 기울여야 할 사람을 뜻해. 한 고객이 다른 고객 아홉 명의 구매 금액에 맞먹거나 더 높은 매출을 올린다면 기업은 그 고객을 잡기 위해 특별 대우를 아끼지 않을 거야. 아홉 명 마음을 잡는 것보다 한 사람에 집중하는 게 더 효율적일 수 있거든.

VIP를 응용한 말로는 아이를 위해 소비를 아끼지 않는 현상인 VIB(Very Important Baby), VIP보다 더 중요한 인물인 VVIP(Very Very Important Person)가 있어.

BOP
Bottom[Base] of the Pyramid

비오피 | 저소득층
소득 수준을 피라미드로 나타낼 때
가장 아랫부분을 차지하는 계층

+ 어휘 톡톡

· **bottom** 맨 아래, 바닥
It's in the bottom drawer of my desk.
그건 내 책상 맨 아래 서랍에 있어.

· **pyramid** 피라미드, 각뿔
An English speaking tour guide along with a driver
will take you to the Pyramids.
영어를 하는 여행 가이드가 운전기사와 함께 당신을 피라미드로
데려갈 것입니다.

+ 상식 쑥쑥

BOP는 Bottom[Base] of the Pyramid의 줄임말이야!

소득 피라미드의 맨 아래에 있는 저소득층을 뜻해. 소득은 적지만
해당 인구가 많아서 시장 규모가 커. 기업에서 저소득층은 소비자
가 아닌 기부 대상으로만 보아왔지만 요새는 새로운 사업 기회가
숨어있는 시장으로 보고 있어.
품질이 낮은 제품을 싸게 판다고 BOP 시장에서 성공할 수 있는 건
아니야. 필수 기능만 넣은 초저가 노트북처럼 합리적인 비용으로
필요한 기능을 이용할 수 있게 적정 기술을 활용하여 제품을 개발
하는 것이 중요해.

ERP
Enterprise Resource Planning

이알피 | 전사적 자원관리
기업 내 생산, 물류, 재무, 회계 등 경영
활동 과정을 통합적으로 관리하는 시스템

+ 어휘 톡톡

· **enterprise** 기업, 회사　**+ entrepreneur** 기업가
They run a social enterprise.
그들은 사회적 기업을 운영한다.

· **resource** 자원, 재원
We found a way to use our limited resources wisely.
우리는 한정된 자원을 현명하게 쓸 방법을 발견했다.

· **plan** 계획을 세우다; 계획, 구상, 제도
I'm planning to stay in your hotel for a week.
저는 귀하의 호텔에 일주일 동안 머물 계획입니다.

+ 상식 쑥쑥

ERP는 Enterprise Resource Planning의 줄임말이야!

재무, 생산, 물류, 인사 부분 각각이 관리 시스템을 별도로 운영하면 한 부서에서 입력한 데이터를 다른 부서에서 바로 확인할 수 없으니 일 처리가 불편하고 자원도 낭비돼. 이러한 문제를 해결하기 위해 회사 전체에 걸쳐 있는 자원 정보를 하나로 통합하는 시스템인 ERP를 고안하게 되었어.

ERP를 도입하면 모든 부서에서 동시에 정보를 공유할 수 있으니 의사소통이 투명하고 빨라져. 예를 들어 수주현황에 변동이 생겼을 때, 이를 생산 부분에서 곧바로 조회하고 업무에 반영할 수 있으니 비용과 인력 낭비를 막을 수 있지.

CRM
Customer Relationship Management

씨알엠 | 고객 관계 관리
고객 자료를 분석하여 이를 토대로 마케팅
전략을 계획하고 실행하는 활동

+ 어휘 톡톡

· **customer** 고객, 손님
What should we do to improve our customer service?
고객 서비스를 개선하기 위해 우리는 무엇을 해야 할까?

· **relationship** 관계, 관련
I'd like to have more than superficial relationships with my colleagues.
저는 동료들과 피상적인 관계 이상을 맺고 싶어요.

· **management** 관리, 경영, 운영

+ manage 관리하다, 해내다

He has time management issues.
그는 시간 관리 문제가 있어.

+ 상식 쑥쑥

CRM은 Customer Relationship Management의 줄임말이야!

고객 정보를 축적하여 분석하면 고객의 취향, 소비패턴 등을 파악할 수 있고, 그에 맞추어 고객이 만족할 제품을 개발하고 목표 고객층을 겨냥한 마케팅 전략을 짤 수 있어. CRM의 목표는 고객이 원하는 것을 파악하고 제공함으로써 지속 가능한 고객 관계를 구축하는 것, 즉 고객을 오래 유지하여 수익성을 높이는 거야.

멤버십 프로그램은 우리도 잘 아는 CRM 전략 중 하나야. 멤버십 프로그램에 가입하도록 유도하여 고객 개인 정보를 수집할 수 있고, 포인트 제도를 통해 충성 고객에게 우대 프로그램을 제공할 수도 있어서 여러 기업에서 애용해.

SCM
Supply Chain Management

에스씨엠 | 공급망 관리
제품 생산에서 유통에 이르기까지의
전체 흐름을 통합적으로 관리하는 활동

+ 어휘 톡톡

· **supply** 공급, 보급품; 공급하다
Experienced math teachers are in short supply.
숙련된 수학 교사 공급이 부족하다.

· **chain** 사슬, 연쇄, 체인
He completely ignores the chain of command.
그는 지휘 체계를 완전히 무시한다.

· **management** 관리, 경영 **+ manager** 경영자, 관리자
We weren't prepared with a crisis management
plan.
우리는 위기관리 계획이 준비되어 있지 않았다.

+ 상식 쏙쏙

SCM은 Supply Chain Management의 줄임말이야!

SCM은 제품이 소비자 손에 들어가기까지 필요한 모든 과정 즉, 원료 조달에서부터 도매상과 소매상을 거쳐 최종 소비자에게 이동하기까지의 전체 과정을 총체적 관점에서 통합하여 관리하는 거야. 제조업체는 제조 부분의 효율성만을 위해, 유통업체는 유통 부분의 효율성만을 위해 노력하는 것을 넘어서서 여러 업체가 공급 과정 전체의 최적화를 위해 긴밀히 협조하면 생산성과 이윤이 더 증가하겠지. 성공적인 SCM의 바탕은 기업 간 협력이니 서로 신뢰하고 적극적으로 참여하는 태도가 필요해.

JIT
Just-In-Time

제이아이티 | 적기 공급 생산
필요한 만큼 재료를 공급받아 생산하여
재고 비용을 최대한 줄이는 방식

+ 어휘 톡톡

· **just** 딱, 지금 막, 바로, 단지; 올바른, 공정한, 정당한, 정확한
  I'm just about to leave.
  저는 이제 막 떠나려는 참이에요.

· **time** 시간

· **in time** 시간에 맞춰, 늦지 않게   **+ on time** 정시에
  He arrived home in time for dinner.
  그는 저녁 먹을 시간에 맞춰 집에 도착했다.

+ 상식 쑥쑥

JIT는 Just-In-Time의 줄임말이야!

필요한 만큼만 생산하고 필요한 만큼만 원료를 공급받는 생산 방식이야. JIT를 실행하기 위해서는 정확하게 수요를 예측하는 것이 중요해. 수요를 정확하게 파악해야 정확한 생산량을 결정할 수 있고, 그에 맞는 원료를 정확하게 주문할 수 있으니 말이야.

필요한 시기에 필요한 만큼만 재료를 공급받으니 재료를 넉넉히 구매하여 저장하는 방식에 비해 재고 비용을 줄일 수 있다는 것이 장점이야. 반면에 재료 납품 업체에 돌발 상황이 일어났을 경우 재빨리 대체 납품 업체를 찾지 못하면 전체 생산이 지연될 수도 있다는 단점도 있어.

SWOT

Strength, Weakness, Opportunity, and Threat

스왓 | 스왓 분석
강점, 약점, 기회, 위협 네 가지 요인
으로 구분하여 문제를 분석하는 기법

+ 어휘 톡톡

· **strength** 힘, 강점 **+ strong** 강한
She found the strength to move forward.
그녀는 앞으로 나아갈 힘을 찾았다.

· **weakness** 약함, 약점, 단점 **+ weak** 약한
Asking for help isn't a sign of weakness.
도움을 요청하는 것은 약하다는 표시가 아니다.

· **opportunity** 기회
Learning languages can open up new opportunities.
언어를 배우는 것은 새로운 기회를 열어줄 수 있다.

· **threat** 위협, 협박

+ 상식 쑥쑥

SWOT은 Strength, Weakness, Opportunity, and Threat의 줄임말이야!

기업에서 마케팅 전략을 세우기 위해 사용할 수 있는 도구 중 하나
야. 기업의 강점과 약점, 그리고 시장에서 마주하고 있는 기회와
위협 요인들을 나누어 살펴보면 간과하는 측면 없이 상황을 전반
적으로 파악할 수 있어. 네 가지 요소 중 강점과 약점은 기업 내부
적인 요소야. 기업의 명성, 가지고 있는 기술, 사무실 위치, 자본,
인적자원 같은 것들이지. 기회와 위협은 외부적인 요소로 경쟁업
체, 원자재 가격, 경제 상황, 시장 규모 등이 고려 대상이야. 이를
토대로 강점은 살리고 약점은 보완하며, 기회는 활용하고, 위협은
회피하는 방향의 전략을 세우지.

KPI
Key Performance Indicator

케이피아이 | 핵심성과지표
경영 목표를 성취하는 데 얼마나
진전이 있었는지 측정하는 방법

+ 어휘 톡톡

· **key** 열쇠, 비결; 가장 중요한, 핵심적인
The directors missed key information about the market.
이사들은 시장에 관한 핵심 정보를 놓쳤다.

· **performance** 공연, 연주, 실적, 성과
The incentive is performance-based.
성과급은 실적에 기반을 둔다.

· **indicator** 지표   + indicate 나타내다, 보여주다
Most inflation indicators remain relatively stable.
물가상승 지표 대부분은 상대적으로 안정적이게 유지된다.

+ 상식 쑥쑥

KPI는 Key Performance Indicator의 줄임말이야!

기업이 세운 경영 목표를 얼마나 달성했는지를 파악하고 평가하기 위해 활용하는 지표야. 단순히 연말에 매출액과 이익이 얼마나 되는지 보는 게 아니라 고객 만족도, 품질 수준, 납기 준수 등 목표를 이루기 위해 꼭 필요한 요소들을 핵심 지표로 삼고 목표 성취도를 수치화하여 꾸준히 관리하자는 차원에서 고안되었어.

KPI 달성률은 업무 평가와 직결되므로 KPI 항목이 어떻게 구성되느냐가 직원들의 업무 형태를 결정해. KPI를 적절하게 활용하면 목표 달성에 도움이 될 수 있지만 자칫하다가는 업무 본질은 놓치고 KPI 숫자 자체에만 매달릴 수 있어.

R&D
Research and Development

알앤디 | 연구 개발

제품 성능 개선과 신제품 개발을
위한 기술 연구 활동

+ 어휘 톡톡

· **research** 연구, 조사; 연구하다
Dr. Biden is conducting research on cancer treatment.
바이든 박사는 암 치료 연구를 하고 있다.

· **development** 발달, 성장, 개발
These companies spend millions of dollars on
product development.
이 회사들은 제품 개발에 수백만 달러를 쓴다.

+ 상식 쑥쑥

R&D는 Research and
Development의 줄임말이야!

기업에서 R&D는 원래 있던 제품의 성능을 개선하기 위해서 혹은 신
제품을 개발하기 위해서 하는 기술 연구 활동을 가리키는 용어야. 유
럽에서는 RTD(Research and Technological Development)
라고 하기도 해.

R&D에는 큰 비용과 긴 시간이 드는 데다가 결과가 늘 성공적이지는
않아서 적극적으로 뛰어들기는 어려워. 하지만 R&D가 미래 성장 동
력을 준비하는 원천인 것은 분명하므로 단기 성과에 집중하다 R&D
투자를 소홀히 하면 경쟁력을 잃고 위기를 맞게 될 수도 있어.

OJT
On-the-Job Training

오제이티 | 현장 훈련
작업 현장에서 직무를
수행하며 받는 훈련

+ 어휘 톡톡

· **job** 일, 직장, 일자리
I have great news. I got the job.
나 좋은 소식 있어. 나 취직했어.

· **on the job** 근무 중에, 작업 중에

· **training** 훈련, 교육, 연수
The institution provides a heavy equipment training program.
그 협회는 중장비 훈련 프로그램을 제공한다.

+ 상식 쑥쑥

OJT는 On-the-Job Training의 줄임말이야!

회사에서 직원을 교육하는 방식 중 하나로 업무를 하면서 훈련을 진행하는 형식이야. 훈련 대상자와 같은 조직에 속한 선임자나 직속 상사가 훈련 담당자가 되어 개별적으로 교육을 진행해.

직종과 회사마다 세부 내용은 다르지만, 일에 대해 자세히 설명해 주고, 시범을 보인 후, 직접 해보도록 하고, 피드백을 주는 형태가 일반적이지. 일하는 데 필요한 실제적인 지식이나 기능 중심으로 교육 내용이 구성되고, 배운 것을 즉시 실무에 적용할 수 있으므로 업무에 빨리 적응할 수 있어.

OEM
Original Equipment Manufacturer

오이엠 | 주문자 상표 부착 생산[위탁생산]
제작 업체 대신 주문 업체의 상표를 부착하는
생산 방식

+ 어휘 톡톡

· **original** 원래의, 독창적인, 원문의; 원형, 원작
Modifications to the original plan were inevitable.
원래 계획을 수정하는 것은 불가피했다.

· **equipment** 장비, 용품, 기술, 능력
We tested the safety equipment very thoroughly.
우리는 안전 장비를 아주 철저하게 검사했다.

· **manufacturer** 제조업자, 제조사
+ manufacture 제조하다; 제조
It's the world's largest motorcycle manufacturer.
그것은 세계 최대의 오토바이 제조업체이다.

+ 상식 쑥쑥

OEM은 Original Equipment Manufacturer의 줄임말이야!

A라는 회사에서 새로 등산복을 기획했어. 그렇지만 A사는 그 등산
복을 제조하는 데 필요한 설비가 없을뿐더러 생산 설비를 갖추기
위해 투자해야 하는 자금과 시간이 너무 부담돼. 그럴 때 등산복
제조 설비를 갖춘 B라는 업체에 A사 상표를 부착하여 등산복을 대
신 만들어 달라고 요청할 수 있어. OEM은 바로 이런 형태의 생산
방식을 말하는 거야. 참고로 제조사에서 단순 생산을 넘어 디자인
과 설계부터 모두 처리하는 방식도 있는 데 이는 ODM(Original
Design Manufacturer)이라고 해.

QSC
Quality, Service, and Cleanliness

큐에스씨 | 품질, 서비스, 청결
외식 업계에서 기본 지침으로 삼는
기준

+ 어휘 톡톡

· **quality** 질, 우수함; 고급의, 양질의
The country will continue its efforts to improve air
quality.
그 국가는 공기 질 개선을 위해 계속 노력할 것이다.

· **service** 서비스, 업무
The hotel provides a free airport pick-up service.
그 호텔은 무료 공항 마중 서비스를 제공한다.

· **cleanliness** 청결
I was impressed with the cleanliness of the facility.
나는 시설의 청결함에 감명 받았다.

+ 상식 쑥쑥

QSC는 Quality, Service,
and Cleanliness의 줄임말이야!

세계적인 패스트푸드 프랜차이즈 맥도날드의 경영철학은
'QSC&V'를 고객이 경험할 수 있게 하는 것이라고 해. QSC&V는
품질, 서비스, 청결, 그리고 가치(value)라는 뜻의 영어 단어 앞글
자를 딴 약어야. 맥도날드는 음식의 품질인 맛과 신선도, 빠르고
친절한 서비스, 그리고 청결한 매장을 제공하기 위해 햄버거 대학
을 세워 직원 교육에 적극적으로 나서고 있어.
맥도날드의 엄청난 성장과 함께 앞 세 글자인 QSC는 모든 외식업
체가 기본으로 갖추어야 할 지침이 되었어. 프랜차이즈 본사에서
각 매장에 방문해 가장 집중적으로 점검하는 부분도 QSC야.

OA
Office Automation

오에이 | 사무자동화
정보 기기를 이용하여
사무 처리를 자동화하는 것

+ 어휘 톡톡

· **office** 사무소[실], 영업소, 관청, 공직
I'm out of the office.
저는 지금 사무실 밖에 있어요.

· **automation** 자동화
Many workers are afraid of losing their jobs to automation.
많은 직원이 자동화로 인해 직업을 잃을까 두려워한다.

+ 상식 쑥쑥

OA는 Office Automation의 줄임말이야!

취업을 위해 많이 준비하는 ITQ(Information Technology Qualification), 컴퓨터활용능력, MOS(Microsoft Office Specialist), 사무자동화산업기사, 정보처리기능사 등은 모두 OA 자격증에 속해. OA는 컴퓨터, 스캐너, 복사기 등 정보 기기를 이용하여 정보관리와 사무 처리를 자동화하는 거야.

엑셀, 파워포인트 같은 기초 프로그램을 잘 익히면 업무를 더 빠르고 정확하게 할 수 있어. 그래서 채용 공고에 OA 자격증 소지자 우대라는 표현을 자주 볼 수 있지. 공기업이나 공무원 채용에서도 가산점을 주는 OA 자격증이 있으니 관심 있다면 꼼꼼히 챙겨!

TF
Task Force

티에프 | 대책 위원회
특정한 문제를 해결하기 위한
대책 위원회나 프로젝트팀

+ 어휘 톡톡

· **task** 일, 과업, 과제; 과업을 맡기다
Our team was asked to perform various **tasks**.
우리 팀은 여러 과제를 수행하라고 요청받았다.

· **force** 힘, 폭력, 효력, 군대, 집단; 강요하다, 억지로 시키다
The terrorists have surrendered to the security
force.
테러리스트들은 보안군에 항복했다.

+ 상식 쏙쏙

TF는 Task Force의 줄임말이야!

회사나 정부 차원에서 심각한 문제가 발생했을 때 사태를 수습하기 위해, 또는 중요한 프로젝트를 단기간에 집중적으로 관리하기 위해 TF를 구성해.

TF는 원래 군대에서 특수 임무를 띤 기동대를 가리키는 단어였다가 점차 일반 조직에서도 쓰이게 되었어. 기존 조직 구조로는 해결하기 어려운 문제가 생길 때 그 문제와 관련된 전문 인력들을 선발하여 만드는 특수한 작업 집단을 말해. 보통 단기적인 과제를 위해서 만들며 목표를 달성하거나 일정한 기간이 지나면 해산되고 구성원들은 원래 속했던 부서로 돌아가.

STEP 1

M&A
Mergers and Acquisitions

엠엔에이 | 기업 간 인수 합병
다른 기업의 경영권을 획득하고 두 개 이상의 기업이 하나로 합쳐지는 것

+ 어휘 톡톡

STEP 2

· **merger** 합병
Shares of Optima Corporation soared over 20% on merger buzz.
합병 소문에 옵티마 사의 주식은 20% 이상 급등했다.

· **acquisition** 습득, 구입한 것, 인수
Our lawyers can help you with the acquisition of intellectual property.
우리 변호사들이 지적 재산권 취득에 관해 당신을 도와드릴 수 있습니다.

+ 상식 쑥쑥

STEP 3

M&A는 Mergers and Acquisitions의 줄임말이야!

기업을 빠르게 확장하고 싶다면 M&A가 좋은 수단이 될 수 있어. M&A는 인수와 합병을 한 번에 일컫는 말로 인수는 한 기업이 다른 기업의 주식이나 자산을 취득하여 경영권을 획득하는 행위를, 합병은 두 개 이상의 기업이 하나로 통합되는 것을 뜻해. M&A의 목표는 시너지 효과를 얻는 것이야. 현대자동차가 기아자동차를 인수했던 것처럼 동일한 산업에 속하는 기업을 M&A하면 시장 통제력이 강해지면서 매출 수익이 증대될 수 있고, 자동차 회사와 타이어 회사같이 공급 관계에 있는 회사의 M&A는 생산 비용 절감의 효과를 기대할 수 있어.

BM
Brand Manager

+ 어휘 톡톡

· **brand** 브랜드, 상표
The outdoor brand is seeking to expand its business.
그 야외용품 브랜드는 사업 확장을 모색하고 있다.

· **manager** 경영자, 운영자, 관리자
The manager was fired for being late.
그 관리자는 지각하는 것 때문에 해고당했다.

+ 상식 쑥쑥

BM은 Brand Manager의 줄임말이야!

브랜드는 물건을 살 때 가격과 성능 못지않은 영향력을 발휘해. 브랜드를 관리한다는 것은 브랜드 인지와 관련된 요소들 즉, 로고, 가격, 제품, 겉 포장 등을 관리하여 소비자들의 이목을 끌고 타사 제품과 차별화하는 거야.

BM은 시장을 분석해서 제품을 기획하고 개발하는 것에서부터 가격 책정, 홍보까지 제품 출시의 전반적인 과정에 참여해. 연구팀, 디자인팀, 홍보팀 등 관련된 부서와 협업하는 경우가 많다는 점에서는 소통 능력이, 소비자 연구와 시장 추세를 살펴야 한다는 점에서 분석력이 중요한 자질이야.

CEO
Chief Executive Officer

씨이오 | 최고 경영자
기업에서 최고 의사 결정권을
가진 사람

+ 어휘 톡톡

· **chief** 주된, 최고위자인; 최고위자
He was appointed chief engineer of the company.
그는 회사 수석 엔지니어로 임명되었다.

· **executive** 경영의, 행정의, 고급의; 경영진, 중역, 행정부
I decided to accept the executive position.
저는 경영직을 받아들이기로 했습니다.

· **officer** 장교, 경찰관, 임원, 공무원
Ms. Kim has been promoted to Chief Financial
Officer.
김 씨는 최고 재무 책임자로 승진되었다.

+ 상식 쑥쑥

CEO는 Chief Executive Officer의 줄임말이야!

기업 내에서 최고의 경영권을 가진 사람을 말해. 기업 운영과 관련
된 전반적인 방침을 결정하는 중요한 역할이지. CEO의 능력과 경
영 철학에 따라 기업의 흥망성쇠가 결정되곤 하니 권한이 큰 만큼
책임도 큰 자리야.

기업이 클수록 CEO 혼자서 모든 부분을 챙기기는 힘들어. 그래서
큰 회사들은 CEO와 함께 기업을 이끌어 나가도록 다양한 임원을
두고 있어. 몇 가지 직책만 살펴보자면, 최고 재무 책임자인
CFO(Chief Financial Officer)는 재경 부문을 총괄하고 최고 운영
책임자인 COO(Chief Operating Officer)는 사업 실무적인 측면을
원활하게 할 책임을 맡아.

MBA
Master of Business Administration

엠비에이 | 경영학 석사 학위
전문 경영인을 양성하기 위해 설립된
경영 전문 대학원의 석사 학위

+ 어휘 톡톡

· **master** 숙련자, 주인, 석사 (학위); 숙달하다, 지배하다
I have a master's degree in economics.
저는 경제학 석사 학위가 있습니다.

· **business** 사업, 업체, 장사, 업무
He left the company to start his own business.
그는 자기 사업을 시작하려고 퇴사했어.

· **administration** 관리(직), 경영, 행정(부)
Key Global offers a full range of fund administration
services.
키 글로벌은 모든 범위의 자금 관리 서비스를 제공한다.

+ 상식 쑥쑥

MBA는 Master of Business Administration의 줄임말이야!

MBA는 경영 전문 대학원의 석사 과정을 마치고 받는 학위야. 일반대학원의 경영학 석사 과정은 학문적인 부분에 더 무게를 싣지만 경영 전문 대학원의 MBA 과정은 경영자의 실질적인 업무 능력을 끌어올리고자 하는 과정이야. 개별 사례를 연구하고, 경영학 이론을 습득하여 실제 상황에 적용하도록 훈련하는 것에 중점을 둬. 직급에 따라 필요한 경영 지식이 다르므로 학교에 따라 최고 경영자와 임원급을 대상으로 하는 EMBA(Executive MBA) 과정을 따로 운영하기도 해. 또 스포츠, 문화예술 분야 등 산업별로 특화된 MBA 프로그램을 운영하는 곳도 있어.

POS
Point Of Sale

포스 | 판매 시점 정보 관리
상품이 팔리는 시점에 그에 대한
정보를 기록하는 시스템

+ 어휘 톡톡

· **point** 날카로운 끝, 요점, 요소, 시점; 가리키다, 지적하다
I was on the point of giving up.
나는 막 포기하려던 참이었어.

· **sale** 판매, 매출, 영업, 할인 판매
I'm sorry but it's not for sale.
죄송하지만 이건 판매용이 아니에요.
I'm waiting for the holiday sales to start.
저는 휴가 맞이 세일이 시작하기를 기다리고 있어요.

+ 상식 쏙쏙

POS는 Point Of Sale의 줄임말이야!

편의점, 카페, 패스트푸드점 등 상점마다 계산대에 놓여 있는 기계
가 있잖아. 그 기계가 판매 시점에 관련 정보를 입력하고 저장하는
POS기야.
기계마다 세부적인 기능은 다르지만, POS기를 사용하면 어떤 메
뉴가 잘 나가고, 요일·시간별로 손님이 얼마나 오는지를 비롯해
매출과 관련된 많은 데이터를 모을 수 있어. 그뿐 아니라 재고를
파악하여 적절하게 주문하는 데도 도움을 주지. 유통업, 외식업 등
각 분야에 적합한 POS 프로그램이 따로 있으니 필요에 알맞게 선
택할 수 있어.

T/O
Table of Organization

+ 어휘 톡톡

· **table** 식탁, 탁자, 표
The following table shows the median household income for the past 10 years.
다음 표는 지난 10년 동안의 중위 가구 소득을 보여준다.

· **organization** 조직, 단체, 기구
I decided to join an environmental organization.
나는 환경 단체에 참여하기로 결정했어.

+ 상식 쏙쏙

T/O는 Table of Organization의 줄임말이야!

인원 10명을 선발한다는 것을 '이번에 T/O 10명 났어'라는 표현으로도 말할 수 있지. 지금은 사회 전반에서 사용되지만 원래는 군대에서 병력과 장비를 정리해 놓은 부대 편성표를 뜻했어. 이 편성표에 규정된 인원에서 누군가가 나가게 되면 곧 T/O가 났다는 말이지. 원래 단어 뜻에 맞는 올바른 표현은 'T/O에 자리가 나다' 혹은 'T/O에서 어떤 자리가 비었다'이겠지만 그냥 편하게 T/O가 났다고 많이 해. 물론 외국인들과 대화할 때 이 표현을 쓰면 못 알아들을 거야. 회사에서 공석을 나타내는 영어 표현은 job vacancy와 job opening이니 잘 알아두자!

R&R
Roles and Responsibilities

알앤알 | 직무와 책임
조직 내에서 맡는 역할과
그에 따른 책임

+ 어휘 톡톡

· **role** 역할, 배역
My **role** as a manager is to lead and motivate staff.
관리자로서의 제 역할은 직원들을 이끌고 동기 부여하는 것입니다.

· **responsibility** 책임, 책무
I take full **responsibility** for the outcome.
제가 결과에 대한 모든 책임을 지겠습니다.

+ 상식 쑥쑥

R&R은 Roles and Responsibilities의 줄임말이야!

조직이 원활하게 돌아가기 위해서는 구성원 간 R&R을 명확하게 하는 것이 중요해. R&R은 쉽게 말해 업무분담이야. 각자 맡는 역할과 그에 따른 책임을 정하는 거지.

R&R을 체계적으로 정립하는 것은 조직 내의 인력을 효과적으로 활용하기 위해 꼭 필요한 활동이야. R&R이 분명하지 않으면 하기 싫은 일, 어려운 일은 나 말고 다른 사람이 할 거라고 생각하며 방관하는 직원이 생길 수 있어. 반대로 이미 어떤 사람이 하고 있는 일을 다른 사람이 중복으로 해서 인력 낭비가 될 수도 있지.

CSR
Corporate Social Responsibility

씨에스알 | 기업의 사회적 책임
기업이 마땅히 하기를 기대하는
사회적 책임

+ 어휘 톡톡

· **corporate** 회사의, 기업의   **+ corporation** 기업, 회사
The game company is facing corporate
restructuring.
그 게임 회사는 기업 구조조정을 직면하고 있다.

· **social** 사회의, 사회적인, 사교적인   **+ society** 사회
The organization aims to combat social polarization.
그 단체는 사회 양극화와 싸우는 것을 목표로 한다.

· **responsibility** 책임, 책무
It's your responsibility to deal with unhappy
customers.
불만족한 손님들에 대처하는 것이 당신의 책임입니다.

+ 상식 쑥쑥

CSR은 Corporate Social
Responsibility의 줄임말이야!

기업이 이윤을 추구하는 과정에서 하는 행동들은 사회적, 환경적
으로 큰 영향을 미쳐. CSR은 기업이 이러한 영향력을 인식하고 이
윤 추구뿐만 아니라 건강한 사회를 만들기 위해서도 책임을 다해
야 한다는 것을 뜻해. 공장을 운영하면서 비용이 조금 더 들더라도
친환경적인 방법을 선택하는 것, 기부와 봉사 활동은 다 CSR 활동
의 일환이야.
언뜻 CSR은 직접적인 이윤 창출과는 별 관련이 없어 보여. 그렇지
만 사회 구성원들의 의식은 갈수록 높아지고 있기에 책임감 있는
기업의 제품을 선호하는 경향이 증가하고 있어.

055

MICE

Meetings, Incentives, Conferences, and Exhibitions

마이스 | 복합전시산업
초대형 박람회, 국제회의 유치를
중심으로 하는 관광산업

+ 어휘 톡톡

· **meeting** 회의

· **incentive** 우대책, 장려금, 포상물
There are no incentives for sales staff to work harder.
판매원들이 더 열심히 일하게 할 우대책이 없다.

· **conference** 회의, 학회, 협의
I have an international conference to attend next month.
나는 다음 달에 참석해야 할 국제회의가 있어.

· **exhibition** 전시(회), 진열
This facility has three exhibition rooms.
이 시설은 세 개의 전시실을 갖추고 있다.

+ 상식 쏙쏙

MICE는 Meetings, Incentives, Conferences, and Exhibitions (& Events)의 줄임말이야!

MICE는 기업 회의, 포상 관광, 국제회의, 전시에 해당하는 영단어 앞글자를 딴 줄임말이야. 먼 곳에서 열리는 박람회에 참여하러 가서 그 근처 숙박업소와 음식점을 이용하는 것은 당연한 일이잖아. 또 시간 여유가 되면 근처 관광지를 둘러보고 쇼핑시설도 이용하게 돼. 이처럼 대규모 국제 행사를 유치할 경우 행사를 주관하는 업체뿐만 아니라 주변 상권이 전반적으로 활성화되는 효과가 있어. 그래서 우리나라는 물론 전 세계적으로 중앙정부와 지방자치 단체가 나서서 MICE 산업을 육성하기 위해 적극적으로 지원하고 있어.

기억에 쏙쏙

1	**PR**	**P**▢▢▢▢▢	대중; 일반인의
	공중 관계 활동	**R**▢▢▢▢▢▢▢**s**	관계, 관련
2	**ERP**	**E**▢▢▢▢▢▢▢▢▢	기업, 회사
	전사적 자원관리	**R**▢▢▢▢▢▢▢	자원
		P▢▢▢**ning**	계획, 구상
3	**TF**	**T**▢▢▢	과업, 과제
	대책 위원회	**F**▢▢▢▢	집단
4	**CEO**	**C**▢▢▢▢	최고위자인
	최고 경영자	**E**▢▢▢▢▢▢▢▢▢	경영의, 행정의
		O▢▢▢▢▢▢	임원
5	**CSR**	**C**▢▢▢▢▢▢▢▢	회사의, 기업의
	기업의 사회적 책임	**S**▢▢▢▢▢	사회적인
		Responsibility	책임
6	**VIP**	**V**▢▢▢	매우, 아주
	귀빈, 중요 인물	**I**▢▢▢▢▢▢▢▢	중요한
		P▢▢▢▢▢	사람, 개인

재미로 보는 약어 **3** 기업명

🔍 재미로 보는 약어

굴지의 다국적 기업들 이름 중에서도 단어 앞글자를 따서 만든 약어가 많아. 접착식 메모지로 유명한 3M은 Minnesota Mining and Manufacturing Company(미네소타 광공업 회사)라는 이름으로 출발했어. 회사 이름을 이루는 세 단어가 모두 M으로 시작하기에 곧 3M이라는 별칭을 얻게 되었지. 회사 이름에서 볼 수 있듯이 초창기 3M은 광산에서 코런덤(corundum)이라는 광물을 채굴하기 위해 세워진 회사였고, 초기 주력 제품 중 하나는 사포였어. 이렇게 무심코 부르던 회사 이름을 살펴보면 회사의 기원과 초창기 모습에 관한 정보를 얻을 수 있기도 해.

➕ 약어 속 필수 영단어

LG
<u>Lucky</u> <u>Goldstar</u>
행운의   금성
화학 주력의 ㈜럭키와 전자 주력의 금성사가 합쳐진 그룹명

KT
<u>Korea</u> <u>Telecom</u>
한국   전기 통신
한국전기통신공사를 전신으로 하는 통신업체

KFC
<u>Kentucky</u> <u>Fried</u> <u>Chicken</u>
켄터키   튀긴   닭
켄터키주에서 시작한 치킨 위주의 패스트푸드 업체

GM
<u>General</u> <u>Motors</u>
일반[보편]적인 자동차
미국 자동차 제조업체

IBM
<u>International</u> <u>Business</u> <u>Machines</u> <u>Corporation</u>
세계적인   업무, 사업   기계   회사
미국 컴퓨터 제조업체

UPS
<u>United</u> <u>Parcel</u> <u>Service</u>
연합된   소포   서비스
미국 국제 물류업체

HSBC
<u>Hongkong</u> <u>Shanghai</u> <u>Banking</u> <u>Corporation</u>
홍콩   상하이   은행   회사
홍콩을 본거지로 하는 금융종합그룹

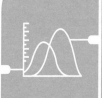
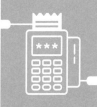

PART 4

경제·금융

체계적인 재테크의 시작!
경제 핫이슈를 따라잡는
영어 + 상식

VAT
Value Added Tax

브이에이티 | 부가가치세
용역과 재화가 생산되고 유통되는 과정에서
창출된 부가가치에 대해 매기는 세금

+ 어휘 톡톡

· **value** 가치, 값, 가치관; 평가하다, 중요시하다
The value of the land has increased by 13%.
이 토지의 가치는 13%까지 증가했다.

· **add** 더하다, 추가하다
I'd like to add more storage on my smartphone.
제 스마트폰에 저장 용량을 추가하고 싶어요.

· **tax** 세금; 세금을 부과하다, 힘들게 하다
Can I claim a tax deduction for medical expenses?
의료비에 대해 세금 공제를 신청할 수 있나요?

+ 상식 쏙쏙

VAT는 Value Added Tax의 줄임말이야!

영수증에서 혹은 레스토랑 메뉴판에서 자주 보는 약자인 VAT는
부가가치세를 뜻해. 생산자가 물건을 만들어서 도매업자에게 팔
때 원가만 받고 팔까? 당연히 아니지. 물건을 만드는 데 든 비용에
이윤을 붙여서 파는데 여기서 이윤이 바로 증가한 가치, 즉 부가가
치에 해당하고, 이 이윤에 대해 매기는 세금이 부가가치세야.
이후에 도매업자가 소매업자에게, 또 소매업자가 일반 소비자에게
물건을 판매하는 과정에서 생기는 부가가치에 대해서도 정부는 계
속 세금을 부과해. 설명을 쉽게 하려고 물건을 예로 들었지만, 무
형의 서비스도 부가가치세 부과 대상이야.

CVV
Card Verification Value

씨브이브이 | 카드 보안 코드
카드 사기 방지를 위한 인증번호

+ 어휘 톡톡

· **card** 카드
I maxed out my credit card.
나는 신용 카드 한도액을 초과했어.

· **verification** 확인, 조회, 입증 **+ verify** 확인하다, 입증하다
We'll send you the verification code via text message.
문자 메시지로 인증 번호를 보내드릴 것입니다.

· **value** 가치, 값, 가치관; 평가하다, 중요시하다
The value of their research has been underestimated.
그들 연구의 가치는 과소평가되어 왔다.

+ 상식 쑥쑥

CVV는 Card Verification Value의 줄임말이야!

인터넷 사이트에서 카드로 물건을 사려면 카드 번호, 유효기간 그리고 카드 뒷면에 있는 세 자릿수인 CVV번호를 입력하라고 할 때가 있어. CVV는 카드사에 따라 CID(Card Identification Number), CVC(Card Verification Code)라는 다른 이름을 사용하기도 해. 인터넷으로 카드 거래를 할 때는 이 사람이 진짜 카드 소유자인지, 카드 정보를 훔친 범죄자인지 확인하기가 어려워. 카드사는 웹사이트에서 결제를 시도하는 사람이 정말 카드를 손에 쥐고 있는 사람인지 확인할 수 있는 수단을 강화하고자 했고, CVV라는 인증번호를 도입했어. CVV는 카드 번호, 비밀번호, 유효기간과 마찬가지로 중요한 결제정보니 잘 관리해야 해.

ATM
Automated Teller Machine

에이티엠 | 자동 현금 입출금기
현금 인출, 입금, 이체 등의 간단한
은행 업무를 볼 수 있는 기기

+ 어휘 톡톡

· **automate** 자동화하다
An automated fingerprint identification system will be introduced.
자동화된 지문 인식 시스템이 도입될 것이다.

· **teller** (은행) 창구 직원
The man distracted the bank teller and stole $10,000.
그 남자는 은행 창구 직원의 주의를 돌린 후 1만 달러를 훔쳤다.

· **machine** 기계
The copy machine is broken again.
복사기가 또 고장 났어.

+ 상식 쏙쏙

ATM은 Automated Teller Machine의 줄임말이야!

ATM은 은행 창구 직원이 하는 일 중 일부를 자동으로 처리할 수 있는 기기야. 적은 액수의 현금이 필요할 때 은행 창구에서 번호표를 뽑고 기다리면서 찾는 사람은 별로 없을 거야. 길가에 있는 ATM기를 이용하여 빠르고 간편하게 출금, 이체, 입금, 조회 등의 간단한 은행 업무를 처리할 수 있기 때문이지. 은행 영업시간 외에도 이용할 수 있어서 더 편리해.

기술 발달과 함께 ATM도 계속해서 진화해. ATM에서 처리할 수 있는 업무는 점점 확대되어 환전 업무도 볼 수 있게 되었고, 보안을 높이기 위해 홍채 인식 기술도 도입되고 있어.

GDP
Gross Domestic Product

지디피 | 국내 총생산
한 국가에서 생산한 최종 생산물과
서비스 시장 가치의 총합

+ 어휘 톡톡

· **gross** 총, 전체의, 중대한
Our gross profit margin has improved by 12 percent.
우리 총 이윤은 12% 향상되었다.

· **domestic** 국내의, 가정의
Proper coordination of domestic and foreign policies is important.
국내 정책과 외교 정책의 적절한 조정이 중요하다.

· **product** 생산물, 상품, 제품
Smart customers assess the value of the products they buy.
똑똑한 고객들은 그들이 사는 제품의 가치를 평가한다.

+ 상식 쑥쑥

GDP는 Gross Domestic Product의 줄임말이야!

GDP는 한 나라에서 일정 기간(보통은 1년)에 생산된 최종 생산품과 서비스를 시장 가치로 환산해 더한 금액이야. 한 국가의 경제력이 얼마나 되는지 가늠할 수 있는 기본적인 척도지. GDP는 영토를 기준으로 하므로 대한민국의 GDP를 측정할 때는 우리나라에서 일하는 외국인 근로자들과 외국 기업의 생산물도 포함해.

GNP(Gross National Product)는 영토가 아닌 국적 중심의 경제 지표야. 전 세계 어디에 있든 대한민국 국민이 생산한 부가가치는 대한민국 GNP에 합산돼. 경제활동이 세계화됨에 따라 한 국가의 경제 규모를 나타내기 위해 GNP보다는 GDP를 사용하는 것이 일반적이야.

DTI
Debt-to-Income

디티아이 | 총부채상환비율
연간 소득에서 원리금 상환액이
차지하는 비율

+ 어휘 톡톡

· **debt** 빚, 부채
I'm having a hard time paying off my debt.
나는 빚을 갚는 데 어려움을 겪고 있어.

· **income** 소득, 수입
The maximum loan amount depends on your
income and credit history.
대출 한도는 당신의 소득과 신용기록에 달려있다.

+ 상식 쑥쑥

DTI는 Debt-to-Income의 줄임말이야!

은행이 돈을 빌려줄 때는 신청자의 상환 능력에 맞춰서 대출 가능
여부와 한도를 정해. DTI는 대출기관에서 채무자의 대출 상환 능력
을 가늠하기 위해 고려하는 기준 중 하나로, 대출금과 이자가 연
소득에서 차지하는 비중이야. DTI가 낮을수록 대출금과 비교하여
소득이 높다는 뜻이니 빚을 갚을 수 있는 능력도 높다고 인정돼.
정부는 투기 지역과 투기 과열 지구에는 의무적으로 일정 DTI를 적
용하도록 하고 있어. 투기가 극심하다고 판단하는 지역일수록 더
낮은 DTI를 적용하도록 하지. DTI 규제에는 다주택자의 무분별한
투기로 인한 부동산 가격 상승과 가계부채 증가로 인한 경제 구조
약화를 막겠다는 정부의 의도가 있는 거야.

IRP
Individual Retirement Pension

아이알피 | 개인형 퇴직연금
퇴직금을 적립하여 노후 자금으로
활용할 수 있는 제도

+ 어휘 톡톡

· **individual** 개인의, 각각의; 개인
The fund is expected to get more individual
investors.
그 펀드는 더 많은 개인 투자자들을 모을 것으로 기대된다.

· **retirement** 은퇴, 퇴직 **+ retire** 퇴직하다
I'm not sure if I'm saving enough money for
retirement.
저는 퇴직에 대비해 충분히 돈을 저축하고 있는지 잘 모르겠어
요.

· **pension** 연금, 수당
He insists that a public pension is not enough
money to live off of.
그는 공적 연금이 살아가기에 충분한 돈이 아니라고 주장한다.

+ 상식 쑥쑥

IRP는 Individual Retirement Pension의 줄임말이야!

1년 이상 근무한 직장에서 퇴사하면 퇴직금을 받지. 예전에는 한
직장에서 오래 근무하다 은퇴할 때가 되면 한 번에 큰 금액을 퇴직
금으로 받았는데 요새는 이직이 빈번하여 퇴직금을 자주 받아. 은
퇴 시점이 멀었는데 이직하느라 퇴직금을 받으면, 그 퇴직금을 노
후 자금으로 잘 보관하기보다는 그냥 써버리기 쉬워. 그래서 근로
자의 퇴직 급여를 적립하여 노후 자금으로 활용하는 데 도움을 주
도록 IRP라는 제도를 도입했어. 퇴직금을 받을 때마다 IRP 계좌에
이체해두면 55세 이후에 연금으로 받을 수 있고, 원한다면 회사에서
주는 퇴직금 외에 개인의 여유자금을 자유롭게 적립할 수도 있어.

STEP 1

TDF
Target-Date Fund

은퇴 시점에 맞춰 생애 주기에 따라
자동으로 투자 비중을 조정하는 펀드

STEP 2

+ 어휘 톡톡

· **target** 목표, 목표 대상, 표적; 표적으로 삼다
The foundation set a target of raising $210,000.
그 재단은 21만 달러를 모으겠다는 목표를 세웠다.

· **date** 날짜, 시기, 데이트; 날짜를 적다
Please let us know a convenient time and date for you.
당신이 편한 시간과 날짜를 알려주세요.

· **fund** 기금, 자금, 돈; 자금을 제공하다
The fund was established to support disaster victims.
그 기금은 재해 피해자들을 후원하기 위해 조성되었다.

+ 상식 쑥쑥

STEP 3

TDF는 Target-Date Fund의 줄임말이야!

TDF는 가입자의 은퇴 시점을 목표일(target date)로 잡고 생애 주기에 따라 투자 자산을 배분해주는 펀드야. 은퇴 후를 대비하기 위한 좋은 수단으로 주목받고 있어. 특히 노후 대비의 필요성에 대한 인식은 있지만, 투자 상품이나 방법에 대해 잘 알지 못하는 사람들에게 인기가 높아. 은퇴 시점이 많이 남았을 때는 손실을 극복할 수 있는 시간도 많이 남아있으니 위험도만큼 기대 수익률도 높은 자산 위주로 적극적인 투자를 하고, 은퇴 시점이 다가올수록 원금 손실을 최소화하기 위해 채권과 같은 안전 자산 비중을 늘려가는 방식으로 운용돼.

ETF
Exchange-Traded Fund

이이에프 | 상장 지수 펀드
증권 거래소에 상장되어 거래되는 펀드

+ 어휘 톡톡

· **exchange** 교환, 환전, 거래소; 교환하다
I'd like to exchange some euros for US dollars, please.
유로화를 미국 달러로 환전하고 싶습니다.

· **trade** 거래, 교역; 거래하다, 교역하다
Why don't you try these fair trade chocolates for Valentine's Day gifts?
밸런타인데이 선물로 이 공정무역 초콜릿들을 사보는 건 어때?

· **fund** 기금, 자금, 돈; 자금을 제공하다
I need some help deciding which funds to invest in.
어떤 펀드에 투자할지 결정하는 데 도움이 필요해요.

+ 상식 쏙쏙

ETF는 Exchange-Traded Fund의 줄임말이야!

주식처럼 장내 거래소에서 거래되는 펀드라는 뜻이야. 여러 주식 종목으로 구성되어 분산 투자가 가능하다는 점에서는 펀드와 같아. 그러나 환매 신청 시점과 기준가 적용 시점에 차이가 있는 일반 펀드와 달리 주식 시장이 열려있는 동안 실시간으로 자유롭게 거래할 수 있다는 점에서는 주식과 비슷해.

ETF는 KOSPI200 같은 특정 주가지수를 추종하는 것, 금이나 부동산 같은 특정 자산 가격을 추종하는 것, 건설, IT를 비롯한 여러 산업별 지수를 활용하는 것 등 다양한 종류가 있어서 투자 성향에 맞춰 선택할 수 있어.

STEP 1

ELS
Equity-Linked Securities

STEP 2

+ 어휘 톡톡

· **equity** 공평, 공정, 순 자산액, 주식, 보통주
I prefer investing in equities rather than bonds.
나는 채권보다는 주식에 투자하는 것을 선호해.

· **link** 관련, 연관; 연결하다
Many serious diseases are linked to smoking.
많은 심각한 질병이 흡연과 연관되어 있다.

· **security** 보안, 경비, 유가 증권
Ms. Kim has managed the fund's convertible securities investments.
김 씨는 그 펀드의 전환 증권 투자를 관리해왔다.

+ 상식 쏙쏙

ELS는 Equity-Linked Securities의 줄임말이야!

STEP 3

주가나 지수 변동에 따라 수익률이 달라지는 증권이야. 이해를 돕기 위해 실제 ELS 구조를 아주 단순화해서 말해볼게. 한 증권사에서 ELS 상품을 구성하면서 A라는 회사의 주식을 기초 자산으로 정한 후 만기는 3년, 목표 수익률은 6%로 설정해. 수익이 발생하는 조건은 만기 시점에 A사 주식 기준 가격이 85% 이하로 떨어지지 않는 거야. 즉 A라는 회사의 주식(기초 자산)이 오늘 1,000원(기준 가격)인데 만기인 3년 후에 주식이 850원 아래로 떨어지지 않으면 (조건) 6%(목표 수익률)의 수익을 원금과 함께 받을 수 있어. 주가 연계 증권이라는 뜻풀이가 그대로 ELS 상품 가입자가 수익을 올리느냐 못 올리느냐는 A사 주가에 연계되어 있어.

KOSPI
Korea Composite Stock Price Index

코스피 | 한국종합주가지수
한국 증권 거래소 상장 기업의 총괄적 주식
변동을 기준 시점과 비교해 작성한 지수

+ 어휘 톡톡

· **composite** 합성의, 복합의; 합성물, 혼성물
The composite score must be at least 75.
종합 점수는 최소 75 이상이어야 합니다.

· **stock** 재고, 비축물, 주식; 비축하다, 저장하다
Is now a good time to invest in the stock market?
지금이 주식시장에 투자할 좋은 시기인가요?

· **price** 값, 가격, 물가
The real estate agent told me the price is
negotiable.
부동산 중개인이 가격은 협상 가능하다고 했어요.

· **index** 색인, 지수, 지표

+ 상식 쑥쑥

KOSPI는 Korea Composite Stock Price Index의 줄임말이야!

KOSPI는 대한민국 주식 시장의 흐름을 총체적으로 보여주는 지표
야. 주가는 경제의 흐름에 따라 등락을 반복하니 나라 경제 상황을
분석하는 지표로도 활용돼.
코스피는 1983년 1월 4일을 기준으로 이날의 종합주가지수를 100
으로 보아 현재 상장종목들의 시가 총액이 어느 수준인지 비교할
수 있어. 만약 오늘 KOSPI가 2800이라면 1983년 1월 4일에 비해
시가 총액이 28배 증가했다는 뜻이지. KOSPI200은 KOSPI 종목
중 상위 200개 종목의 시가총액을 지수화한 것이야.

IPO
Initial Public Offering

아이피오 | 기업 공개
외부 투자자에게 회사 주식을
처음 공개적으로 파는 것

+ 어휘 톡톡

· **initial** 처음의, 초기의; 머리글자
The initial phase of the project was successful.
프로젝트의 초기 단계는 성공적이었다.

· **public** 일반인의, 대중의, 공공의; 대중
Drinking in public spaces is prohibited in some countries.
몇몇 국가에서는 공공장소에서 음주가 금지되었다.

· **offer** 제공하다, 제시하다, 바치다; 제안, 권유
The firm offered quite favorable conditions.
그 회사는 상당히 호의적인 조건을 제시했다.

+ 상식 쑥쑥

IPO는 Initial Public Offering의 줄임말이야!

기업이 성장하기 위해서 꼭 필요한 것 중 하나가 바로 자금이지. 기업이 자금을 조달하는 방법 중 하나는 투자자들에게 주식을 파는 거야. 경영 정보를 공개하며 회사 지분 중 일부를 외부 투자자들에게 처음으로 공개 매도하는 것을 기업 공개, 약어로는 IPO라고도 해. 우리나라에서는 보통 코스피나 코스닥에 상장하는 것을 의미하지.

IPO를 하려면 영업 활동 기간, 자본금, 매출액, 이익액 등 복잡한 조건들을 충족해서 주식 시장의 심사를 거쳐야 해. KOSPI가 KOSDAQ 보다 IPO 요건이 더 까다로워.

SPAC
Special Purpose Acquisition Company

스팩 | 기업 인수 목적 회사
M&A를 목적으로 설립된 이름
뿐인 회사

+ 어휘 톡톡

· **special** 특수한, 특별한; 특별한 것, 특집 방송
What makes this place so special?
무엇이 이 장소를 이렇게 특별하게 만드니?

· **purpose** 목적, 용도, 의도
What is the purpose of your trip to the US?
당신의 미국 여행 목적은 무엇입니까?

· **acquisition** 습득, 구입한 것

· **company** 회사, 단체, 일행, 친구; 동행하다
I work for a pharmaceutical company.
저는 제약 회사에서 일합니다.

+ 상식 쑥쑥

SPAC은 Special Purpose Acquisition Company의 줄임말이야!

비상장 기업을 인수할 목적으로 만드는 서류상의 회사를 SPAC이라고 해. SPAC 설립 후, 기업 공개를 거쳐 투자자금을 모으고, 이자금으로 M&A를 진행하는 거야. 상장 후 3년 이내에 비상장 우량 기업과 합병에 성공하지 못하면 자동으로 상장 폐지 돼.

SPAC은 기술력과 성장 가능성을 갖춘 중소기업이 주식시장에 빠르게 상장할 수 있는 수단이야. 우량 기업과 합병에 성공할 경우 수익률이 높고, 합병에 실패해도 투자액 회수가 가능해서 개인 투자자들에게는 안정적인 투자 수단으로 여겨져.

ROA
Return on Assets

알오에이 | 총자산순이익률
총자산에 대한 당기 순이익
비율

+ 어휘 톡톡

· **return** 돌아옴, 귀환, 복귀, 수익; 돌아가다, 돌려주다
I expect a 6% annual rate of return.
저는 연간 수익률 6%를 예상합니다.

· **asset** 자산, 재산
I recommend you review your asset allocation plan.
저는 당신에게 자산 배분 계획을 재검토하기를 추천합니다.

+ 상식 쑥쑥

ROA는 Return on Assets의 줄임말이야!

기업은 자금을 조달하여 재고, 설비, 토지, 건물 등 각종 자산에 투자하고, 그 자산을 이용하여 이익을 창출해. ROA는 일정 기간의 순이익을 총자산으로 나눈 값으로 기업의 경영 성과를 측정할 수 있는 지표 중 하나야.

같은 100억 원의 자산을 가지고 A라는 기업은 수익 5억 원을 올리고, B라는 기업은 수익 10억 원을 냈다고 하면 B 기업이 자산을 더 효율적으로 사용한 거야. ROA가 지속해서 하락하는 경우 기업이 침체에 빠졌다는 신호로 볼 수도 있지만, 신규 인프라 구축비용 등으로 인해 일시적으로 ROA가 낮아지는 경우도 있어.

BIS
Bank for International Settlements

비아이에스 | 국제결제은행
BIS 자기자본비율을 도입한
국제 금융 기구

+ 어휘 톡톡

- **bank** 은행, 둑, 제방
  It's the second largest bank in Europe.
  그것은 유럽에서 두 번째로 큰 은행이야.

- **international** 국제적인, 국가 간의
  She has an international reputation as a conductor.
  그녀는 지휘자로서 국제적인 명성을 갖고 있다.

- **settlement** 합의, 해결, 청산   **+ settle** 해결하다, 정착하다
  My lawyer told me to accept the settlement offer.
  변호사는 나에게 합의 제안을 받아들이라고 했다.

+ 상식 쏙쏙

BIS는 Bank for International Settlements의 줄임말이야!

BIS는 각 나라 중앙은행 간 협력 증진을 위해 설립된 국제 금융 기구야. 이 기구가 도입한 BIS 자기자본비율은 위험가중자산을 자기자본으로 나눈 비율로 이를 통해 은행의 건전성을 확인할 수 있어. 은행이 상환 능력이 불확실한 곳에 대출해준 금액은 돌려받지 못할 위험이 높아. 만약 대출금을 돌려받지 못하게 됐는데 은행이 보유하고 있는 자기자본이 충분하지 않다면 은행이 도산하게 될 수도 있고 연결된 모든 금융 주체들이 피해를 보게 돼. BIS는 위험자산에 대해 은행의 자기자본비율이 최소 8%는 되어야 위기 상황에 대처할 수 있다고 보고, 이 비율을 지키도록 권고하고 있어.

BSI
Business Survey Index

비에스아이 | 기업경기실사지수
경기 동향에 관한 기업인들의 심리를 보여주는 지수

+ 어휘 톡톡

· **business** 사업, 업체, 장사, 업무
I'm considering starting my own business.
저는 제 사업을 시작하는 것을 고려 중이에요.

· **survey** 조사, 측량, 점검; 살피다, 점검하다
The survey was conducted through e-mail.
조사는 이메일을 통해 수행되었다.

· **index** 색인, 지수, 지표
The consumer price index rose 1.3 percent from last year.
소비자 물가 지수는 작년보다 1.3% 올랐다.

+ 상식 쏙쏙

BSI는 Business Survey Index의 줄임말이야!

언론이나 정부에서 발표하는 각종 수치에 따르면 경제가 좋아지고 있는 것 같은데 피부로 와 닿지 않을 때가 있어. 객관적인 통계가 파악하지 못하는 체감경기를 지수화하기 위해 실시하는 것 중 하나가 BSI야. BSI는 앞으로 경기 동향이 어떻게 될지에 관한 기업가들의 판단을 지수화한 것으로 100보다 높으면 경기에 관해 낙관적인 전망이, 100 미만이면 비관적인 전망이 많다는 뜻이야.
참고로 경기 동향에 관한 소비자들의 심리를 나타낸 지수는 CSI (Customer Service Index)야.

기억에 쏙쏙

1	**VAT** 부가가치세	**V**▨▨▨▨	가치, 값
		A▨▨**ed**	더해진, 추가된
		T▨▨	세금
2	**GDP** 국내 총생산	**G**▨▨▨▨	총, 전체의
		D▨▨▨▨▨▨▨▨	국내의, 가정의
		P▨▨▨▨▨▨	생산품, 제품
3	**IRP** 개인형 퇴직연금	**I**▨▨▨▨▨▨▨▨▨▨	개인의
		R▨▨▨▨▨▨▨▨▨	은퇴, 퇴직
		P▨▨▨▨▨▨	연금
4	**ETF** 상장 지수 펀드	**E**▨▨▨▨▨▨▨	교환, 거래소
		T▨▨▨▨**d**	거래되는
		F▨▨▨	기금, 자금, 돈
5	**IPO** 기업 공개	**I**▨▨▨▨▨▨	처음의, 초기의
		P▨▨▨▨▨	일반인의, 대중의
		O▨▨▨▨**ing**	제공, 제시

재미로 보는 약어 4 대학명, 학위

🔍 재미로 보는 약어

UCLA가 캘리포니아 주립 대학교 계열에 속하는 학교라는 것 알고 있었어? UCLA가 University of California at Los Angeles(캘리포니아 주립 대학교 로스앤젤레스 캠퍼스)의 약자라는 사실을 외국 유학에 특별히 관심이 있지 않았다면 잘 몰랐을 수도 있어. 그래서 UCLA뿐만 아니라 우리에게 약칭이 더 익숙한 대학들을 모아봤어.

➕ 약어 속 필수 영단어

MIT	<u>M</u>assachusetts <u>I</u>nstitute of <u>T</u>echnology 매사추세츠 　 기관, 연구소 　 기술	매사추세츠 공과대학교
Caltech	<u>Cal</u>ifornia <u>I</u>nstitute of <u>Tech</u>nology 캘리포니아주 　 기관, 연구소 　 기술	캘리포니아 공과대학교
NYU	<u>N</u>ew <u>Y</u>ork <u>U</u>niversity 뉴욕 　 대학교	뉴욕 대학교
KAIST	<u>K</u>orea <u>A</u>dvanced <u>I</u>nstitute of <u>S</u>cience and <u>T</u>echnology 한국 　 선진의 　 기관, 연구소 　 과학 　 기술 한국과학기술원	

대학 이름도 약자를 많이 쓰지만, 학위를 표현하는 데도 약자를 많이 쓰지.

➕ 약어 속 필수 영단어

BA / BS	<u>B</u>achelor of <u>A</u>rts / <u>S</u>cience 학사 　 인문학 　 과학	인문학사/이학사
MA / MS	<u>M</u>aster of <u>A</u>rts / <u>S</u>cience 석사 　 인문학 　 과학	인문 석사/이학[공학] 석사
PhD	<u>D</u>octor of <u>Ph</u>ilosophy[1] 박사 　 철학	박사 학위

1) 그리스 시대의 philosophy가 과학을 포함한 모든 학문을 지칭하는 용어로 쓰이던 데서 유래

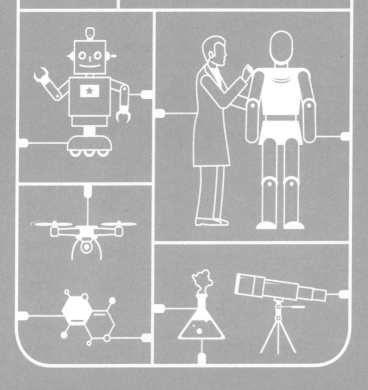

PART 5

과학·기술

알고 쓰는 기술이 더 유용하다!
과학과 제법 친해지게 만들어 줄
영어 + 상식

STEP 1

LCD
Liquid Crystal Display

엘씨디 | 액정 표시 장치
전압으로 액정 분자 배열을 조정하여
원하는 상을 얻는 디스플레이 장치

+ 어휘 톡톡

STEP 2

· **liquid** 액체; 액체의, 유동적인
This liquid eyeliner is waterproof.
이 액상 아이라이너는 물에 지워지지 않아요.

· **crystal** 결정(체), 수정
These lamps are made from Himalayan salt
crystals.
이 전등들은 히말라야 소금 결정으로 만든 거예요.

· **liquid crystal** 액정

· **display** 전시, 진열, 영상 출력 장치; 보여주다, 전시하다
If a cable comes loose, it could cause a display
problem.
케이블이 느슨해지면, 영상 출력 문제를 일으킬 수 있습니다.

+ 상식 쑥쑥

STEP 3

LCD는 Liquid Crystal Display의 줄임말이야!

TV, 모니터, 스마트폰에 들어가는 LCD 패널. LCD를 이루는 영단
어를 풀어보면 액정으로 만든 디스플레이라는 뜻이야. 액정은 액
체처럼 유동적이지만 결정처럼 분자 배열에 어느 정도의 규칙성을
가지고 있어. 액정 분자 배열은 온도나 전압 등에 따라 달라지며
배열 모양에 따라 빛이 통과하거나 차단돼. LCD는 바로 이 원리를
이용하여 특정한 상을 표시하는 거야.
초기에는 전자계산기, 전자시계의 숫자, 문자를 나타내는 데 사용
되다가 점차 노트북, TV 등에서 화상을 나타낼 수 있게 발전했어.
얇고 가벼우며 전력 소모량이 낮은 것이 장점이야.

LED
Light Emitting Diode

엘이디 | 발광 다이오드
전기에너지를 빛에너지로
변환하는 광반도체

+ 어휘 톡톡

- **light** 빛, 광선, 불; 밝은, 연한, 가벼운; 불을 켜다, 빛을 비추다
  Turn off the lights before you go out.
  나가기 전에 불 끄세요.

- **emit** 내다, 내뿜다   **+ emission** 배출, 배출물, 배기가스
  Is it normal for a diesel engine to emit white smoke?
  디젤 엔진이 흰 연기를 내뿜는 게 정상적인 건가요?

- **diode** (반도체) 다이오드,
  2극 진공관(양극과 음극을 가진 진공관)

+ 상식 쑥쑥

LED는 Light Emitting Diode의 줄임말이야!

LED 전등의 등장과 함께 우리나라도 2014년부터 가정용 백열전구를 시장에서 전면 퇴출했지. LED는 빛을 내뿜는 다이오드라는 뜻이고, 여기에 전류를 흘리면 전자가 양공(전자가 비어있는 자리)으로 이동하면서 빛을 내.

형광등이나 백열등은 전기에너지 대부분을 열에너지로 변환하고 아주 낮은 비율만 빛에너지로 전환해. 형광등에 손을 가까이 해보면 따뜻한 기운이 느껴질 거야. 그에 비해 LED는 더 높은 비율의 전기에너지를 빛에너지로 전환할 수 있어서 전력 효율이 높아. 그뿐만 아니라 수명도 길고, 수은을 사용하지 않아 친환경 광원이기도 해.

HDTV
High Definition Television

에이치디티비 | 고화질 TV
선명한 화질을 제공하는 텔레비전

+ 어휘 톡톡

· **high** 높은, 비싼, 고급의; 높이, 높게; 높은 곳, 최고 수준
Apartment buildings are in high demand here.
이곳에서는 아파트 건물이 수요가 높다.

· **definition** 정의, 의미, 선명도
High definition pictures consume more memory space.
고화질 사진은 더 많은 저장 공간을 소모한다.

· **television(=TV)** 텔레비전
What's on TV?
텔레비전에서 무슨 프로그램을 하고 있어?

+ 상식 쑥쑥

HDTV는 High Definition Television의 줄임말이야!

아날로그 방식에서 디지털 방식으로 방송이 전환되면서 등장했던 HDTV. 앞에 HD는 해상도를 나타내는 용어야. 기존 SDTV (Standard Definition TV)보다 훨씬 더 선명한 화질을 제공해. 요새는 UHD TV, 모니터도 많이 보여. 평창 올림픽 주요 경기 몇몇도 UHD 방송으로 제작되어 공급되었다고 해. 초대형 TV에 대한 수요가 늘고, 더 높은 해상도를 구현하는 기술이 발전함에 따라 해상도를 표현하는 용어들이 계속 추가되고 있어. UHD(Ultra HD), QHD(Quad HD), FHD(Full HD), HD 순으로 더 높은 해상도를 의미해.

CCTV
Closed-Circuit Television

씨씨티비 | 폐쇄 회로 TV
특정한 수신자에게만 영상을 제공
하는 텔레비전

+ 어휘 톡톡

· **closed** 닫힌, 폐쇄된
It's tragic that so many university students have a
closed mind.
너무나 많은 대학생이 닫힌 마음을 가지고 있다는 것이 비극적이
다.

· **circuit** 순환, 순회, 회로
The teacher created simple circuits to teach
electricity.
선생님은 전기를 가르치기 위해 간단한 회로를 만들었다.

· **television(=TV)** 텔레비전

+ 상식 쑥쑥

CCTV는 Closed-Circuit
Television의 줄임말이야!

요새는 거의 모든 곳에 CCTV가 설치되어 있어. 집을 나선 순간부
터 내 모든 일거수일투족이 기록되고 있다고 해도 과언이 아니지.
CCTV는 폐쇄 회로 TV라는 뜻이야. 특정한 수신자에게만 영상을
제공하기 위해 회로를 닫아놓았다고 이해하면 돼. 폐쇄 회로 TV가
있으면, 개방 회로 TV도 있겠지? 개방 회로 TV는 바로 우리가 보
는 방송 TV야. 회로가 열려있으니 TV만 있으면 누구든 다 볼 수
있어.

STEP 1

GMO
Genetically Modified Organism

지엠오 | 유전자 변형 작물
유전자 재조합 기술을 이용해 개발된 작물

STEP 2

+ 어휘 톡톡

- **genetically** 유전적으로 + **genetic** 유전의, 유전학의
  Blood type is genetically determined.
  혈액형은 유전적으로 결정된다.

- **modify** 수정하다, 변경하다
  A modified version of that vaccine is being tested.
  그 백신의 수정된 버전이 시험 중에 있다.

- **organism** 유기체, 생물체
  Organisms adapt to their habitats to survive.
  생물체들은 살아남기 위해 서식지에 적응한다.

STEP 3

+ 상식 쑥쑥

GMO는 Genetically Modified Organism의 줄임말이야!

유전자 조작 기술을 이용하면 추위에 강한 식물에서 얻은 유전자
를 추위에 약한 식물에 주입해 새로운 종을 만들 수 있어. 이렇게
유전자 조작 기술로 만들어진 생물체를 GMO라고 해.

아직은 GMO를 식량난을 개선할 획기적인 대책으로 보는 시각과
생태계와 인체에 미칠지도 모르는 악영향에 대한 경각심을 늦출
수 없다는 시각이 공존하고 있어.

관련된 개념으로 LMO(Living Modified Organism)가 있어. LMO
는 유전자가 변형된 생물체 중 자체적으로 번식할 수 있어 유전자
를 퍼뜨릴 수 있는 생물체를 말해.

BOD
Biochemical Oxygen Demand

비오디 | 생화학적 산소요구량
미생물이 물속에 있는 유기물을
분해하는 데 필요한 산소의 양

+ 어휘 톡톡

· **biochemical** 생화학의, 생화학적인
Emotional stress causes biochemical changes in the brain.
정서적인 스트레스는 뇌 속에 생화학적 변화를 유발한다.

· **oxygen** 산소
In the event of an emergency, please put on your oxygen mask.
비상시에는 산소마스크를 착용해주세요.

· **demand** 요구, 청구, 필요, 수요(량); 요구하다, 청구하다
There is a high demand for dairy products.
유제품에 대한 수요가 높다.

+ 상식 쑥쑥

BOD는 Biochemical Oxygen Demand의 줄임말이야!

인간은 끊임없이 오염 물질을 만들어내지. 다행히도 자연은 어느 정도의 오염 물질을 스스로 정화할 수 있어. 강에 유기 오염 물질이 약간 들어오게 되면 미생물들이 산소를 이용해 유기물들을 먹어 치우며 물을 다시 깨끗하게 정화해.

BOD는 미생물이 물속에 있는 유기 오염 물질을 분해하는 데 필요한 산소의 양이야. 필요한 산소의 양이 많다는 것은 분해해야 하는 유기물이 많다는 뜻이니 BOD가 높을수록 오염된 물이야. BOD가 너무 높으면 물속은 산소 결핍 상태가 되고 수중 생물들이 살 수 없어져.

STEP 1

UV rays
Ultraviolet rays

유브이 | 자외선
기사 광선보다 파장이
짧은 전자기파

+ 어휘 톡톡

· **ultra-** 극도로, 초-, 과-

· **violet** 보라색, 제비꽃
This violet top would go great with your skin tone.
이 보라색 상의가 네 피부색과 잘 어울릴 것 같아.

· **ultraviolet** 자외선의
It helps block the ultraviolet radiation.
그것은 자외선 차단에 도움을 준다.

· **ray** 광선, 선, 빛살
Susan is like a ray of sunshine.
수잔은 햇살 같은 사람이야.

+ 상식 쑥쑥

UV rays는 Ultraviolet rays의 줄임말이야!

태양광선은 자외선, 적외선, 가시광선 등으로 이루어져 있어. 이중
우리가 눈으로 볼 수 있는 것은 빨강에서 보라 사이의 가시광선 뿐
이지. 빨강은 우리 눈으로 볼 수 있는 가장 파장이 긴 빛, 보라색은
우리 눈으로 볼 수 있는 가장 파장이 짧은 빛이야.
자외선은 태양광선 중 보랏빛보다 파장이 짧고 X선보다 긴 전자기
파야. 영어로 자외선은 ultraviolet인데 보라색(violet) 밖에(ultra) 있
다는 특성이 반영되었어. 자외선은 비타민 D를 합성하고 살균 작용
을 하지만 피부암을 유발하고 건강에 해로운 영향을 미치기도 해.

SPF
Sun Protection Factor

에스피에프 | 자외선 차단 지수
자외선B 차단 효과를 표시하는 단위

+ 어휘 톡톡

· **sun** 해, 태양, 햇볕
She goes to work before the sun comes up.
그녀는 해가 뜨기 전에 출근한다.

· **protection** 보호
You can't deny the importance of privacy protection.
당신은 사생활 보호의 중요성을 부인할 수 없다.

· **factor** 요인, 인자, 인수, 지수; 고려하다
What do you think is the decisive factor in their recent failure?
그들의 최근 실패에 결정적인 요인은 뭐라고 생각하니?

+ 상식 쑥쑥

SPF는 Sun Protection Factor의 줄임말이야!

자외선은 기미, 주근깨, 일광화상, 피부 노화, 그리고 심할 경우 피부암까지 유발할 수 있는 광선이야. 그래서 피부과 전문의들은 외출할 때 자외선 차단제를 발라 피부를 보호할 것을 권장하지.
자외선은 UVA, UVB, UVC 세 가지 종류로 나뉘어. UVC는 오존층에 완전히 흡수되고 UVA와 UVB만이 지표면에 도달하지. UVB를 얼마나 오랫동안 차단해 주는지 나타내는 지수가 바로 SPF야. SPF 숫자가 높을수록 차단 기능이 강해.
UVA 차단지수는 PA(Protection of UVA)고 숫자 대신 +기호를 이용해서 표시해. +개수가 많을수록 차단 기능이 강하다는 뜻이야.

DSLR
Digital Single-Lens Reflex

디에스엘알 | 디지털 일안 반사식
거울로 상을 반사하는 렌즈 하나
짜리 디지털카메라

+ 어휘 톡톡

· **digital** 디지털(방식)의
This digital camera works underwater.
이 디지털카메라는 물속에서도 작동합니다.

· **single** 하나의, 단일의, 독신인, 혼자인; 한 사람, 한 개, 단일
Not a single person knows the answer.
한 명도 답을 알지 못한다.

· **lens** 렌즈, 수정체

· **reflex** 반사, 반사 작용, 반사 신경
Coughing and blinking are reflex actions, too.
기침과 눈 깜빡임 역시 반사 작용이다.

+ 상식 쏙쏙

DSLR은 Digital Single-Lens Reflex의 줄임말이야!

사진을 찍으려면 일단 렌즈에 들어오는 화면을 정확히 봐야 하잖아. 그런데 일반 카메라는 렌즈를 통해 필름에 맺히는 상과 뷰파인더(사진을 찍을 때 눈을 대는 부분)를 통해 보는 상이 조금 달라. 이를 극복하기 위해 렌즈로 들어오는 상이 카메라 내부 거울에 반사되고 프리즘을 거쳐서 뷰파인더에 똑같이 맺히게 해주는 카메라가 나왔어. 이 카메라는 렌즈 하나(single lens)를 쓰고, 거울로 상을 반사해서(reflex) SLR 카메라라고 해.
SLR 카메라에 필름 대신 이미지 센서를 사용해 디지털 방식으로 사진을 저장할 수 있게 만든 카메라가 바로 DSLR이야.

RPM
Revolutions Per Minute

알피엠 | 분당 회전수
장치가 1분 동안 몇 번 회전
하는지 나타내는 단위

+ 어휘 톡톡

- **revolution** 혁명, 변혁, 회전 (운동)
  The moon completes one revolution around the earth approximately every 27 days.
  달은 약 27일마다 지구 주위를 한 바퀴 돈다.

- **per** ~에 대하여, ~마다
  Admission is $10 per adult.
  입장료는 성인 한 명당 10달러이다.

- **minute** 분, 잠깐, 순간
  I'll be back in a minute.
  금방 돌아올게.

+ 상식 쑥쑥

RPM은 Revolutions Per Minute의 줄임말이야!

자동차 엔진은 직선 운동을 회전 운동으로 변환하여 자동차를 움직이게 해주는 기관이야. 그리고 컴퓨터 하드디스크는 플래터라는 디스크를 회전시켜 데이터를 기록하고 읽어. rpm은 엔진이나 하드디스크처럼 회전해서 일하는 장치가 1분 동안 몇 번 회전하는지 나타내는 단위야. 엔진 rpm은 자동차의 출력과 속력에, 하드디스크 rpm은 자료를 읽고 쓰는 속도에 관계가 있어.

SUV
Sport Utility Vehicle

에스유비 | 스포츠형 다목적 차량
비포장도로나 험한 지형에서도 잘 달릴 수
있게 만들어진 차량

+ 어휘 톡톡

- **sport** 스포츠, 운동
  Do you play any sports?
  운동하는 거 있니?

- **utility** 유용성, 공익사업; 다용도의, 실용 위주의
  I have doubts about the utility of that machine.
  나는 그 기계의 유용성에 대해 의구심이 들어.

- **vehicle** 차량, 탈 것, 운송 수단
  I called the police to find out whether my vehicle
  has been towed or stolen.
  차가 견인 당했는지 도둑맞았는지 알아보기 위해 경찰서에 전화
  했어.

+ 상식 쑥쑥

SUV는 Sport Utility Vehicle의 줄임말이야!

야외 스포츠를 즐기러 산으로 들로 가다 보면 때로는 험한 비포장
도로나 산악 지형을 통과하기도 하지. 일반 자동차는 차체가 낮아
서 비포장도로를 달리면 차체 하부가 쓸릴 수도 있는 등 험로 주행
에는 적합하지 않아.

그래서 자동차 업체에서는 눈길, 산악지역, 비포장도로 등을 주행
하기 적합하게 차체가 높고 힘이 좋은 차량을 개발하여 스포츠
(sport) 목적(utility)에 맞는 차량(vehicle)이라는 이름을 붙였어. 실
내공간이 넓은 편이라 짐을 많이 실을 수 있어서 꼭 스포츠 목적이
아니더라도 도시에서도 많이 이용해.

LPG
Liquefied Petroleum Gas

엘피지 I 액화 석유 가스
석유 가스에 압력을 가해
액체 상태로 만든 연료

+ 어휘 톡톡

- **liquefy** 액화되다[시키다]   **+ liquid** 액체
Helium liquefies at a lower temperature than hydrogen.
헬륨은 수소보다 더 낮은 온도에서 액화된다.

- **petroleum** 석유
Gasoline is produced from petroleum.
휘발유는 석유에서 만들어진다.

- **gas** 기체, 가스
An evacuation order was issued in response to a gas leak.
가스 누출에 대응하여 대피 명령이 내려졌다.

+ 상식 쏙쏙

LPG는 Liquefied Petroleum Gas의 줄임말이야!

LPG는 원유를 정제하는 과정에서 발생한 석유 가스에 압력을 가해 액체 상태로 만든 거야. 석유 가스를 액체 상태로 만들면 부피가 줄어들어 저장하고 운송하기가 더 편리해. 원래는 무색무취이지만 누출되었을 때 빨리 알 수 있도록 인위적으로 냄새를 첨가하여 공급하고 있어. 쉽게 액화되고 쉽게 다시 기화되기 때문에 가정용, 공업용, 자동차 연료로 폭넓게 쓰이지.

LPG와 철자가 비슷한 LNG(Liquefied Natural Gas)는 액화 천연 가스를 뜻하는 약어야. LNG는 우리 가정에 파이프라인을 통해 공급되는 도시가스 원료이고, 버스 연료로도 사용돼.

GPS
Global Positioning System

지피에스 | 위성 항법 시스템
위성에서 보내는 신호로 사용자의
위치를 계산하는 시스템

+ 어휘 톡톡

- **global** 세계적인, 지구의
  I'm worried about the impacts of global warming.
  나는 지구 온난화의 영향이 걱정돼.

- **position** 위치, 자리, 제자리; 두다, 배치하다, 위치를 정하다
  He put me in an awkward position.
  그는 나를 난처한 상황에 놓이게 했어.

- **system** 제도, 체계, 시스템
  The city has a convenient public transportation system.
  그 도시는 편리한 대중교통 체계를 갖고 있다.

+ 상식 쑥쑥

GPS는 Global Positioning System의 줄임말이야!

스마트폰에 지도 앱만 있으면 내가 어디에 있는지, 내가 가고 싶은 곳으로 어떻게 가야 하는지 알 수 있어. 말이 통하지 않는 외국에서도 헤매지 않고 잘 다닐 수 있게 해주는 고마운 기능이야.

GPS 수신기는 위성에서 보내는 신호를 받아서 지금 내가 지구 위 어느 곳에 있는지 계산해줘. 원래는 미국에서 군사 공격의 정확도를 높이기 위해 개발했다가 무료로 민간에 개방했어.

한 가지 주의할 것은 GPS 수신기와 위성을 직선으로 연결했을 때 그 사이에 장애물이 있으면 전파를 받을 수 없다는 점이야. 그래서 건물 안이나 터널에서는 GPS 신호를 잡지 못해.

radar
Radio Detection and Ranging

레이더 | 무선탐지와 거리측정
전파를 이용해 목표물을 탐지하고
그것과의 거리, 방향 등을 알아내는 장치

+ 어휘 톡톡

- **radio** 라디오, 무선 통신; 무선으로 연락하다
  I enjoy listening to the radio while driving.
  나는 운전하는 동안 라디오 듣는 것을 즐겨.

- **detection** 발견, 간파, 탐지   **+ detective** 형사, 수사관
  There was a slight increase in the crime detection
  rate.
  범죄 검거율이 약간 상승했다.

- **range** 다양성, 범위; 줄 세우다, 정렬하다, (범위에) 이르다
  What price range do you have in mind?
  생각하고 계신 가격대가 어떻게 되나요?

+ 상식 쑥쑥

radar는 Radio Detection and Ranging의 줄임말이야!

레이더는 무선 전파를 쏘아 물체를 탐지하고 물체의 위치를 알아내는 장치야. 레이더 장치가 쏜 무선 전파가 어떤 물체에 부딪히면 그 전파는 튕겨서 돌아와. 되돌아오는 전파를 계산하면 그 물체가 어느 방향에 있는지, 얼마나 떨어져 있는지 알 수 있어.

제2차 세계대전 때 멀리 있는 적군의 선박이나 비행기를 효과적으로 탐지하기 위해 본격적으로 발달하기 시작했고, 지금은 구름의 형성을 알아내어 날씨를 관측하기 위해, 과속 차량을 단속하기 위해, 지형을 조사하기 위해서 등 우리 생활과 밀접한 많은 분야에서 사용되고 있어.

FM
Frequency Modulation

에프엠 ㅣ 주파수 변조
주파수 변화로 신호를
전달하는 방식

+ 어휘 톡톡

· **frequency** 빈도, 잦음, 주파수   **+ frequent** 잦은, 빈번한
The airline will increase **frequency** of its flights in order to meet growing travel demand.
항공사는 증가하는 여행 수요에 응하기 위해 운항 횟수를 늘릴 것이다.

· **modulation** 조절, 조정, 조음, 변조
The actress has a superb voice **modulation** skill.
그 여배우는 뛰어난 목소리 변조 기술이 있다.

+ 상식 쑥쑥

FM은 Frequency Modulation의 줄임말이야!

방송국에서 만든 라디오나 TV 프로그램의 영상, 음성 신호는 전파에 실려 퍼져 나가고 시청자들은 TV나 라디오 수신기를 통해 전파를 받고 거기에 실린 음성과 영상을 듣고 볼 수 있어.

전파에 신호를 싣는 방법은 진폭을 고정하고 주파수를 변조하는 것과 주파수를 고정하고 진폭을 변조하는 것 두 가지가 있어. 이 중 주파수를 변조하는 방식을 FM, 진폭을 변조하는 방식을 AM (Amplitude Modulation)이라고 해. 참고로 주파수는 1초 동안 파동이 반복된 횟수를 말하고, 진폭은 파동의 크기를 가리켜. FM은 AM보다 잡음이 적은 장점이 있는 대신 넓은 지역에 신호를 전달할 수 없다는 단점이 있어.

기억에 쏙쏙

1	**CCTV** 폐쇄 회로 TV	**C** ▩▩▩▩▩	닫힌, 폐쇄된
		C ▩▩▩▩▩▩	회로
		T ▩▩▩**v**▩▩▩▩	텔레비전
2	**SPF** 자외선 차단 지수	**S** ▩▩	해, 태양
		P ▩▩▩▩▩▩▩▩▩	보호
		F ▩▩▩▩▩	요인, 인자, 지수
3	**DSLR** 디지털 일안 반사식	**D** ▩▩▩▩▩▩	디지털의
		S ▩▩▩▩▩	하나의, 단일의
		L ▩▩▩	렌즈, 수정체
		R ▩▩▩▩▩	반사, 반사 작용
4	**SUV** 스포츠형 다목적 차량	**S** ▩▩▩▩	스포츠, 운동
		U ▩▩▩▩▩▩	유용성; 다용도의
		V ▩▩▩▩▩▩	차량, 탈 것
5	**GPS** 위성 항법 시스템	**G** ▩▩▩▩▩	지구의
		P ▩▩▩▩▩▩▩**ing**	위치를 정하는
		S ▩▩▩▩▩	시스템

재미로 보는 약어 **5** 시험

🔍 재미로 보는 약어

대한민국에서 취업이나 이직을 생각하면 가장 먼저 떠오르는 시험 중 하나가 TOEIC(토익)일 거야. TOEIC이 어떤 시험인지 더 자세히 들여다보고 싶다면 약자를 살펴보는 것만으로도 도움이 돼. TOEIC은 Test of English for International Communication의 줄임말이야. 영어 시험(Test of English)인데 다른 나라 사람들과 의사소통(International Communication)에 필요한 실용 영어 능력을 평가하는 시험이라는 뜻이네. 시험의 뜻을 알고 보니 왜 TOEIC 듣기 평가에 다양한 국가의 발음과 악센트가 출제되는지 이해가 돼. TOEIC 말고도 우리가 한 번쯤 들어봤을 만한 시험들을 모아봤어.

➕ 약어 속 필수 영단어

TOEFL　　Test of English as a Foreign Language
　　　　　　　시험　　　영어　　~로(서)　　외국의　　　언어
모국어가 영어가 아닌 사람들을 대상으로 영어 구사 능력을 평가하는 시험.
비영어권 국가 학생이 영어권 대학 지원하는 데 필요.

IELTS　　International English Language Testing System
　　　　　　국제적인　　영어, 영어의　　언어　　시험하다　시스템, 제도
국제 영어 능력 평가 시험

TEPS　　Test of English Proficiency developed by Seoul National University
　　　　　　시험　　　영어　　숙달, 능숙　　개발하다　　서울　국가의, 국립의　대학교
서울대가 개발한 영어 능숙도 평가 시험

FLEX　　Foreign Language Examination
　　　　　　외국의　　언어　　시험
한국외국어대학교가 개발한 외국어 능력 시험

M·DEET　　Medical · Dental Education Eligibility Test
　　　　　　　의학의　　치의학의　　교육　　적격, 적임　시험
의 · 치의학 교육 입문 검사. 의 · 치의학전문대학원 진학을 위해 보는 시험.

SAT　　Scholastic Assessment Test
　　　　　　학업의　　평가　　시험
학업 평가 시험. 미국의 대학 입학 자격시험

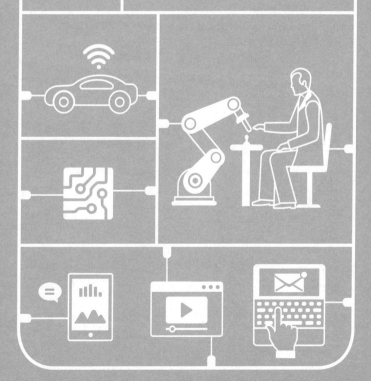

PART 6

IT

4차 혁명 시대에서 살아가기
위해 필수로 알아야 하는
영어 + 상식

ICT
Information and Communications Technology

아이씨티 ┃ 정보통신기술
정보 기기와 그것을 운영하는 기술 중
특별히 통신과 관련된 기술

+ 어휘 톡톡

· **information** 정보
From whom did you get that information?
너는 그 정보를 누구에게서 얻었니?

· **communication** 의사소통, 연락
We have different communication styles.
우리는 다른 의사소통 방식을 갖고 있다.

· **technology** 기술, 기계, 장비
I've been passionate about technology for as long
as I can remember.
내가 기억이 있는 오래전부터 나는 기술에 열정적이었다.

+ 상식 쑥쑥

ICT는 Information and Communications Technology의 줄임말이야!

ICT는 IT(Information Technology)에 통신(Communication)이 합쳐진 말이야. IT는 컴퓨터, 소프트웨어, 네트워크 등과 관련된 정보 기술을 의미하는 용어로 하드웨어와 소프트웨어를 개발하는 것, 전자기기로 정보를 수집하고, 저장하고, 보호하는 것을 다 포함해. ICT는 IT 중 특별히 통신과 관련된 영역을 말해. ICT가 가져다준 삶의 편리 중 하나는 스마트폰 택시 호출 서비스야. 단순해 보이지만 스마트폰이라는 하드웨어, 택시를 호출해주는 앱, 그리고 현재 위치와 목적지를 전달해주는 통신 기술이 결합해서 이용 가능해진 서비스야.

AI
Artificial Intelligence

에이아이 | 인공 지능
인간과 같은 수준의 지적 활동을
수행하도록 만들어진 컴퓨터 시스템

+ 어휘 톡톡

· **artificial** 인공적인, 인위적인
I always read food labels to avoid foods with
artificial sweeteners.
나는 인공 감미료가 첨가된 식품을 피하고자 항상 식품 라벨을
읽는다.

· **intelligence** 지능, 정보 **+ intelligent** 총명한, 지능이 있는
People with higher emotional intelligence tend to
have more productive relationships with people.
더 높은 정서 지능을 가진 사람들이 타인과 더 생산적인 관계를
맺는 경향이 있다.

+ 상식 쏙쏙

AI는 Artificial Intelligence의 줄임말이야!

AI가 요새 가장 핫한 단어라는 것에는 이론의 여지가 없을 거야. AI
즉, 인공지능이란 인간 지능이 할 수 있는 학습, 사고, 판단 등을
수행하도록 만든 컴퓨터 시스템을 말해. 스스로 데이터를 통해 학
습하고 결정하는 능력이 있다는 것이 프로그래밍 된 순서 안에서
만 작업하는 기존 컴퓨터와의 가장 큰 차이점이야.
AI가 먼 미래의 일이라고 생각할 수도 있지만 스팸 메일 분류, 자
동 번역, 음성 인식 등 실생활과 밀착한 많은 분야에서 벌써 AI의
도움을 받고 있으니 이미 AI 세상이 시작되었다고도 볼 수 있어.

STEP 1

IoT
Internet of Things

아이오티 | 사물 인터넷
인터넷을 기반으로 사람과 사물, 사물과 사물이
연결되어 서로 실시간으로 소통하는 기술

STEP 2

+ 어휘 톡톡

· **Internet** 인터넷
My Internet connection isn't stable.
제 인터넷 연결 상태가 안정적이지 않아요.

· **thing** 사물, 물건, 상황, 생물
The first thing we have to do is call the police.
우리가 해야 할 첫 번째 일은 경찰을 부르는 거야.

STEP 3

+ 상식 쑥쑥

IoT는 Internet of Things의 줄임말이야!

IoT는 사물들이 인터넷에 연결되어 서로 정보를 주고받는 것을 말해. 자리에 누워 뒹굴뒹굴하다 잠자기 전에 불을 끄기 위해 다시 일어나야 하는 그 귀찮음은 많이 경험해 봤을 거야. 그런데 만약 침대 매트리스와 TV, 전등이 서로 대화할 수 있다면, 내가 잠이 든 것을 매트리스 센서가 감지하여 TV와 전등에 말해주고 TV와 전등이 알아서 전원을 종료할 수 있겠지.

IoT 구현에는 센서 기술, 네트워크 기술, 데이터 처리 기술, 보안 기술 등 다양한 기술이 연결되어 있어. 또한, 많은 기기와 서비스가 연결될수록 더 많은 데이터가 모이고 더 맞춤형 서비스를 제공할 수 있으므로 업종을 넘어선 융합과 협업이 필요해.

VR
Virtual Reality

브이알 | 가상 현실
가상으로 만들어낸 환경을 사용자의 감각
자극을 통해 실제처럼 체험하게 하는 기술

+ 어휘 톡톡

· **virtual** 가상의, 사실상의
There has been a lot of controversy over virtual currency.
가상 화폐에 관한 많은 논란이 있었다.

· **reality** 현실, 실제 상황
Her first novel reflects the cruel reality of her country.
그녀의 첫 번째 소설은 조국의 잔혹한 현실을 반영한다.

+ 상식 쑥쑥

VR은 Virtual Reality의 줄임말이야!

VR은 가상 현실이라는 뜻이야. 컴퓨터 기술로 만든 환경을 시각, 청각, 촉각을 적절하게 자극함으로 몰입도를 높여서 실제처럼 체험할 수 있게 해주는 기술이지.

VR 기기를 작동하면 도시 한복판에서도 패러글라이딩을 즐기는 듯한 체험을 할 수 있어. 시야에 가득 찬 가상 풍경에 맞춰 바람이 느껴지고 몸도 기울어지니 진짜로 하늘을 나는 양 스릴이 넘쳐.

VR이 완전한 가상 세계를 구현한다면 우리가 보는 현실 세계에 가상 물체를 겹쳐 보여주는 기술은 증강 현실(AR-Augmented Reality)이라고 해. 그리고 AR과 VR을 결합한 혼합 현실(MR-Mixed Reality)도 활발하게 개발되고 있어.

IC card
Integrated Circuit card

아이씨카드 | 집적 회로 카드
반도체 기반의 집적 회로를
내장한 카드

+ 어휘 톡톡

· **integrate** 통합하다, 합치다, 융합하다
The city is developing a plan to integrate
immigrants into the community.
시는 이민자들을 지역 사회에 통합하려는 계획을 개발하고 있다.

· **circuit** 순환, 순회, 회로
The students will learn how to build a simple
electrical circuit.
학생들은 간단한 전기 회로 만드는 법을 배울 것이다.

· **card** 카드
I'd like to apply for a library card.
도서관 카드를 신청하고 싶습니다.

+ 상식 쏙쏙

IC card는 Integrated
Circuit card의 줄임말이야!

지갑 속 신용카드나 체크카드 앞면에 작은 금속패턴의 직사각형
모양 칩이 있을 거야. 그게 바로 IC 칩이고, IC 칩을 부착한 카드를
IC카드라고 해.
여러 부품을 모아 하나의 회로에 집어넣었다고 해서 '집적
(integrated) 회로(circuit)'라는 이름이 붙었어. IC 칩은 아주 작은
컴퓨터라고 볼 수 있는 마이크로프로세서와 운영체제, 그리고 메
모리 카드로 구성되어 있어. 모든 정보는 메모리 카드에 저장되고,
내장된 마이크로프로세서에 의해 관리되기 때문에 마그네틱 카드
보다 정보 유출이나 위·변조 위험이 낮아.

USIM
Universal Subscriber Identity Module

유심 | 범용 가입자 인증 모듈
무선 통신 서비스 가입자의 식별
정보를 저장하는 모듈

+ 어휘 톡톡

· **universal** 일반적인, 전 세계적인, 보편적인
Work stress is a universal phenomenon.
업무 스트레스는 일반적인 현상이다.

· **subscriber** 구독자, 이용자 **+ subscribe** 구독하다, 가입하다
I've been a subscriber to Key Magazine since 2017.
나는 2017년부터 키 매거진의 구독자였다.

· **identity** 신원, 정체 **+ identify** (신원을) 확인하다, 알아보다
I try not to reveal my real identity online.
나는 온라인에서 내 진짜 신원을 드러내지 않으려고 노력한다.

· **module** 모듈(시스템이나 프로그램 단위)

+ 상식 쑥쑥

USIM은 Universal Subscriber Identity Module의 줄임말이야!

USIM은 통신 서비스 가입자의 식별 정보를 저장하는 모듈이야. 핸드폰으로 통화하거나 문자를 주고받으려면 단말기에 USIM 카드를 꽂아야 해.

2G 시절 우리나라에서는 요금제, 고유 번호 등의 가입자 식별 정보를 단말기 자체에 저장했지만, USIM 카드를 도입한 이후에는 정보가 저장된 카드만 옮겨 끼우면 어떤 단말기든지 내 단말기처럼 편리하게 사용할 수 있게 되었어. USIM 카드에는 가입자 식별 정보 저장 외에도 신분증, 신용카드 같은 부가 기능을 추가할 수 있어.

STEP 1

NFC
Near-Field Communication

엔에프씨 | 근거리 무선 통신
선을 연결하지 않고 가까운 거리에 있는
두 기기 사이에 정보를 교환하는 기술

STEP 2

+ 어휘 톡톡

· **near** 가까운, 밀접한; 가까이, 근접하여
I'm planning to buy a home in the near future.
나는 가까운 미래에 집을 살 계획이야.

· **field** 들판, 밭, 지역, 분야, 현장
Our field trip is next Monday.
우리 현장학습은 다음 월요일이야.

· **communication** 의사소통, 연락
Good communication skills will help you succeed.
훌륭한 의사소통 능력은 당신이 성공하도록 도와줄 것이다.

+ 상식 쑥쑥

STEP 3

NFC는 Near-Field Communication의 줄임말이야!

NFC는 13.56MHz 대역의 주파수를 이용해 가까이 있는 기기끼리
데이터를 주고받는 무선 통신 기술이야. 10cm 이내의 거리에서만
작동하기 때문에 보안에 우수해 금융 결제에 사용하기 좋아.
삼성페이, 애플페이, 안드로이드페이는 NFC 결제 방식을 지원하
는 모바일 간편 결제 시스템이야. 우리나라에는 아직 NFC 결제 단
말기를 갖춘 가맹점이 적어 사용이 활성화되지 않았어. 다만 삼성
페이는 NFC 방식 외에도 기존 카드 단말기를 활용하는 마그네틱
보안 전송 방식을 함께 지원하여 오프라인 가맹점 어디나 이용할
수 있어서 활발히 이용되는 편이야.

i-PIN
Internet Personal Identification Number

아이핀 | 인터넷 개인 식별 번호
인터넷에서 주민등록번호를
대체하여 신원을 확인하는 수단

STEP 1

STEP 2

STEP 3

+ 어휘 톡톡

· **Internet** 인터넷

· **personal** 개인적인, 개인의 **+ personally** 개인적으로
He chose to quit university for personal reasons.
그는 개인적인 이유로 대학을 중퇴하기로 선택했다.

· **identification** 신원 확인, 신분 증명, 동일시
I've lost my identification card(= ID card).
나는 신분증을 잃어버렸다.

· **number** 수, 숫자; 번호를 매기다
Where can I find my confirmation number?
확인 번호는 어디서 찾을 수 있나요?

+ 상식 쏙쏙

i-PIN은 Internet Personal Identification Number의 줄임말이야!

인터넷 사이트 가입 시 실명 인증 수단으로 가장 널리 사용되던 것이 주민등록번호였어. 그런데 주민등록번호는 유출 시 명의도용, 보이스 피싱 등 범죄 피해로 이어질 수 있는 아주 민감한 개인 정보야. 개인 정보 유출에 대처하고자 정부는 주민등록번호를 대신해 사용자 신분을 확인할 수 있는 i-PIN이라는 수단을 개발했어. i-PIN은 신분확인기관 중 한 곳에 실명을 인증하고 받을 수 있어. 신분확인기관 한 곳 외에 일반 사이트에는 주민등록번호를 기재할 필요가 없으니 유출 가능성이 더 적어.

QR code
Quick Response code

큐알코드 | 2차원 바코드
더 많은 정보를 저장하기 위해
개발된 2차원 바코드

+ 어휘 톡톡

· **quick** 빠른, 신속한
She made a quick decision.
그녀는 빠른 결정을 내렸다.

· **response** 대답, 응답, 회신　**+ responsible** 책임지고 있는
Thank you for your prompt response to my request.
제 요청에 대한 신속한 답장에 감사드립니다.

· **code** 암호, 부호, 코드, 규칙; 부호로 처리하다
I bought the ticket online with a discount code.
나는 할인 코드를 이용해 온라인에서 티켓을 구매했어.

+ 상식 쏙쏙

QR code는 Quick Response code의 줄임말이야!

책, 인터넷, 길거리 광고판에서 볼 수 있는 정사각형 QR코드, 스마트폰 같은 모바일 기기로 정보를 빠르게 읽어낼 수 있는 코드이지. QR코드는 바코드(bar code)의 진보된 형태야. 바코드는 1차원적 구성으로 상품명이나 제조업체 같은 제한적인 정보(최대 20자의 숫자 정보)만 기록할 수 있었다면, QR코드는 2차원적 구성이므로 인터넷 URL(Uniform Resource Locator), 사진, 동영상, 지도, 명함 정보 등 풍부한 정보를 담을 수 있어.

WWW (Web)
World Wide Web

웹 | 월드 와이드 웹
인터넷에 있는 정보를
쉽게 찾을 수 있도록
연결해 놓은 시스템

+ 어휘 톡톡

- **world** 세계, 지구
  I'll visit every country in the world someday.
  나는 언젠가 지구상에 있는 모든 국가를 방문할 거야.

- **wide** 넓은, 너른, 폭이 ~인
  The desk is three feet wide.
  이 책상은 폭이 3피트다.

- **web** 망, 거미줄, (the W-) 월드 와이드 웹
  You spend too much time surfing the Web.
  너는 웹 서핑 하느라 너무 많은 시간을 보내.

+ 상식 쏙쏙

WWW는 World Wide Web의 줄임말이야!

웹은 하이퍼링크를 통해 인터넷에 산재한 수많은 정보를 마치 거미줄처럼 연결한 시스템이야. 웹 문서들은 링크를 통해 서로 연결되었기 때문에 웹 문서를 읽다가 마우스 커서가 손가락 모양으로 바뀌는 부분을 클릭하면, 관련된 정보가 있는 페이지로 즉시 이동해. 마우스 클릭만으로 원하는 정보에 접근할 수 있다는 편리성 덕분에 웹의 등장과 함께 전문가들의 전유물로 여겨졌던 인터넷에 일반 사람들도 쉽게 접근할 수 있게 되었지.

참고로 인터넷과 웹이 자주 혼용되고 있는데 엄밀히 말하면 인터넷은 컴퓨터 네트워크망을, 웹은 인터넷으로 사용할 수 있는 서비스 종류를 뜻하는 거야.

STEP 1

URL
Uniform Resource Locator

유알엘
인터넷상에서 자원의 위치를 알려주는 표준 규칙

+ 어휘 톡톡

STEP 2

· **uniform** 획일적인, 균일한; 제복, 교복
The room is kept at a uniform temperature throughout the year.
이 방은 일 년 내내 균일한 온도로 유지된다.

· **resource** 자원, 재원, 자료
Fresh water is a vital resource for human survival.
담수는 인류 생존에 필수적인 자원이다.

· **locator** 위치 탐지기   + locate 위치를 찾아내다, 두다
Use the store locator to find nearby stores.
근처에 있는 상점을 찾기 위해 매장 찾기를 사용하세요.

+ 상식 쑥쑥

STEP 3

URL은 Uniform Resource Locator의 줄임말이야!

URL은 인터넷상에 있는 자원의 위치와 접근 방법을 나타내는 표준화된 규칙이야. 우리가 이용하는 인터넷 브라우저 주소창에서 늘 보니 아주 익숙할 거야. URL의 기본적인 구조는 '프로토콜(통신 규약)://인터넷 호스트 주소/파일 경로'야.

키출판사 홈페이지 중 회사 소개 페이지(http://www.keymedia.co.kr/html2/company.php)를 예로 살펴볼게. 위 URL을 해석해보면 HTTP 통신 규약을 이용해 통신하고, www.keymedia.co.kr 서버에서 html2 디렉터리에 있는 company.php라는 파일을 불러오라는 뜻이야.

LAN
Local Area Network

랜 | 근거리 통신망
가까운 거리에 있는 컴퓨터들과
주변 기기들을 연결하는 통신망

+ 어휘 톡톡

· **local** 지역의, 현지의; 주민, 현지인
I love experiencing local culture when I travel.
나는 여행할 때 지역 문화를 경험하는 것을 좋아해.

· **area** 지역, 구역
This is Seoul's most popular shopping area.
이곳이 서울에서 가장 인기 있는 쇼핑 구역입니다.

· **network** 망, 네트워크
I'm having a network connection problem.
저는 네트워크 연결 문제가 있어요[네트워크 연결이 안 돼요].

+ 상식 쑥쑥

LAN은 Local Area Network의 줄임말이야!

요새 사무실이나 학교 장비들은 다 LAN으로 연결되어 있지. LAN
은 사무실 내부나 학교 등 상대적으로 가까운 지역 내에 있는 컴퓨
터들과 주변기기들을 서로 연결해주는 작은 단위의 통신망이야.
LAN을 설치하여 사무실 내의 기기들을 연결하면, 다수의 사용자
가 복합기 같은 주변 장치를 함께 사용할 수 있고, 파일을 간단하
게 공유할 수 있어.

참고로 케이블 대신 전파나 자외선을 이용한 무선 LAN은 약어로
WLAN(wireless LAN)이라고 하고, 국가나 대륙 단위의 넓은 지역
을 연결하는 네트워크는 WAN(wide area network)이라고 해.

Wi-Fi
Wireless Fidelity

와이파이 | 무선 인터넷
선 없이 인터넷에 연결하는
기술

+ 어휘 톡톡

· **wireless** 무선; 무선의
These wireless headphones are 30% off.
이 무선 헤드폰은 30% 할인 중입니다.

· **fidelity** 충실함, 정확도, 신의, 정절
The translator aims to balance readability with
fidelity to the original text.
그 번역가는 가독성과 원전에 대한 충실도 사이에서 균형을 맞추
고자 한다.

+ 상식 쏙쏙

Wi-Fi는 Wireless Fidelity의 줄임말이야!

원래는 Wi-Fi Alliance라는 회사의 상표명이었는데 이제는 무선랜
통신 기술을 가리키는 일반명사처럼 써. 일반적인 약어 형성과 반
대로 Wi-Fi라는 이름을 먼저 정한 뒤 적절한 의미를 부여하기 위해
wireless fidelity라는 말을 붙인 거야. 그러니 fidelity와 무선 인터
넷의 의미 연결에는 너무 신경 쓸 필요 없어.

Wi-Fi는 휴대용 컴퓨터를 사용하는 경우가 늘면서 케이블로 네트
워크에 연결하는 방식에 불편을 느끼게 되자 LAN을 무선화하려는
시도로 나오게 되었어. Wi-Fi가 설치된 곳에서는 단말기로 무선 공
유기에서 나오는 전파를 잡아서 인터넷에 접속할 수 있어.

modem

modulator and **dem**odulator

모뎀 | 변복조기

디지털 신호와 아날로그
신호를 상호 변환하는 장치

+ 어휘 톡톡

· **modulator** 조절자, 변조기   **+ modulate** 조절하다, 바꾸다
  He modulated his voice to highlight an important point.
  그는 중요한 부분을 강조하기 위해 목소리를 바꿨다.

· **demodulator** 복조기
  The demodulator must restore the original signal.
  복조기가 원래 신호를 복구해야 한다.

+ 상식 쑥쑥

modem은 modulator and demodulator의 줄임말이야!

통신 회선은 아날로그 신호를 전달하기 위해 만들어졌기 때문에 컴퓨터에서 보내는 디지털 신호를 그대로 전송할 수가 없어. 그래서 회선을 컴퓨터에 연결할 때 모뎀을 꼭 거쳐야 해. 모뎀은 컴퓨터에서 전송하는 디지털 신호를 아날로그 신호로 바꾸어 통신 회선을 통과하게 하고, 통신 회선을 통해 들어온 아날로그 신호를 디지털 신호로 다시 바꾸어 컴퓨터로 전송해주는 장치야. 전자의 과정을 변조, 후자의 과정을 복조라고 하는데 모뎀은 두 기능을 모두 하는 것에서 이름이 유래했어.

LTE
Long-Term Evolution

엘티이
3세대(3G) 이동통신 기술을
발전시킨 고속 이동통신 규격

+ 어휘 톡톡

· **long** 긴, 길이가 ~인; 오래   **+ as long as** ~하는 한
We haven't talked for a long time.
우리 얘기 못 한 지 오래되었네.

· **term** 학기, 기간, 용어   **+ in terms of** ~ 면에서, ~에 관하여
Jay helped me find a furnished short-term apartment.
제이는 내가 가구를 갖춘 단기 아파트 찾는 것을 도와줬어.

· **evolution** 진화, 발전
Dr. Shaw's article focuses on the evolution of E-commerce.
쇼 박사의 논문은 전자 상거래 진화에 초점을 맞췄다.

+ 상식 쏙쏙

LTE는 Long-Term Evolution의 줄임말이야!

아주 빠른 속도를 나타내기 위해 'LTE급 속도'라는 표현을 사용할 만큼 LTE의 가장 큰 특징은 빠른 속도야. 이론적으로 LTE는 3G보다 4~12배 더 빠르다고 해. LTE를 이루는 단어들을 그대로 해석하면 '오랜 기간에 걸쳐 발전된 기술'이라는 뜻인데 3G(3rd Generation) 이동통신을 거쳐 진화한 기술이라는 의미를 담았다고 생각하면 돼. LTE는 3G 망의 후속 기술이기 때문에 기존 3G 통신망과 연계하기 쉬워 초기 망 투자 비용이 낮았어. 그 덕에 LTE는 빠르게 상용화될 수 있었지. 이제 LTE보다 더 빠른 5G 시대가 오는데 5G가 가져올 변화가 기대돼.

DDoS

Distributed Denial of Service

디도스 | 분산 서비스 거부
처리 불가능한 규모의 데이터를 보내 시스템이
서비스 제공을 거부하게 만드는 공격

+ 어휘 톡톡

· **distribute** 분배하다, 배포하다, 유통하다
Please refer to the handout I distributed earlier.
앞서 나눠드린 인쇄물을 참고해주세요.

· **denial** 부인, 부정, 거부 **+ deny** 거부하다
I was in denial about my true feelings.
나는 내 진짜 감정을 부인하고 있었어.

· **service** 서비스, 업무
I'm paying too much for Internet service.
나는 인터넷 서비스 요금을 너무 많이 내고 있어.

+ 상식 쏙쏙

DDoS는 Distributed Denial of Service의 줄임말이야!

DDoS는 컴퓨터 여러 대를 이용해 특정 서버에 감당할 수 없을 정
도로 과도한 데이터를 보내는 해킹 방식이야. 서버마다 소화할 수
있는 데이터양이 정해져 있는데 그 양을 초과하는 데이터가 몰리
면 서버가 서비스를 거부하게 돼.

DDoS 공격에는 많은 컴퓨터가 필요해. 하지만 그것들을 공격자들
이 직접 조종하는 것은 불가능하니 미리 다른 사람들 컴퓨터에 악
성코드를 설치해서 주인도 모르게 원격 제어할 수 있는 상태의 컴
퓨터, 일명 '좀비 PC'로 만들어 놔. 내 컴퓨터가 좀비 PC로 이용당
하지 않으려면 악성코드에 감염되지 않게 주의해야 해.

OS
Operating System

오에스 | 운영체제

컴퓨터 하드웨어와 응용 프로그램을
관리하는 기본 소프트웨어

+ 어휘 톡톡

· **operate** 작동하다, 가동하다
Is this drone easy to operate?
이 드론은 작동하기 쉬운가요?

· **system** 제도, 체계, 시스템
Some of important data was lost due to a system
malfunction.
시스템 오작동으로 인해 중요한 데이터 일부가 소실되었다.

+ 상식 쑥쑥

OS는 Operating System의 줄임말이야!

Windows, 안드로이드, iOS 등 우리가 사용하는 컴퓨터나 스마트
폰에는 다 OS가 탑재되어 있어. OS는 컴퓨터를 구성하는 모든 하
드웨어와 소프트웨어를 관리하고 운영하는 시스템 소프트웨어야.
OS는 사용자와 컴퓨터 사이에서 매개체 역할을 해. 우리가 마우스
나 키보드로 컴퓨터에 명령하는 것은 OS가 제공하는 사용자 인터
페이스(UI-User Interface)를 통해 이루어지는 거야. 또 OS는 컴퓨
터가 수행해야 할 작업의 순서를 정하고, 각 하드웨어 시스템에 작
업을 할당하고, 컴퓨터 자원이 효율적으로 사용될 수 있게 관리해
주지. 그 외에도 메모리와 자원을 보호하는 보안 기능, 파일 관리
등의 역할을 해.

SSD
Solid State Drive

에스에스디
반도체 기반의 보조기
억장치

+ 어휘 톡톡

- **solid** 단단한, 고체의, 입체의; 고체, 고형물, 입체
  The patient can't digest solid food yet.
  환자는 아직 단단한 음식을 소화할 수 없다.

- **state** 상태, 나라, 국가; 국가의, 국영의; 말하다, 진술하다
  They were in a desperate state.
  그들은 절망적인 상황에 있었어.

- **drive** (컴퓨터) 드라이브, 운전, 추진, 충동; 운전하다
  Back up your data using an external hard drive.
  외장 하드 드라이브를 사용해서 데이터를 백업하세요.

+ 상식 쑥쑥

SSD는 Solid State Drive의 줄임말이야!

컴퓨터를 구성하는 가장 핵심적인 장치로는 보조기억장치인 HDD(하드디스크), 중앙처리장치인 CPU, 그리고 주기억장치인 RAM을 꼽을 수 있어. CPU나 RAM은 반도체 재질이라 전자의 움직임만으로 데이터를 처리하여 속도가 빠르지만, HDD는 원판 모양의 자기디스크를 회전시키며 작동하기 때문에 처리 속도에 한계가 있어.

HDD 속도 한계를 극복하기 위해 반도체 기반의 보조기억장치를 개발했는데 이것이 바로 SSD야. HDD보다 가격은 비싸지만 데이터 처리 속도가 빠르고 전력 소모와 소음이 낮을뿐더러 외부 충격으로 데이터가 손상될 위험도 더 적어.

USB
Universal Serial Bus

유에스비 | 범용 직렬 버스
컴퓨터에 주변 장치를 연결하기
위한 인터페이스 규격

+ 어휘 톡톡

· **universal** 일반적인, 전 세계적인, 보편적인
The desire to be happy is universal.
행복해지고 싶은 열망은 보편적이다.

· **serial** 연속물의, 연속의, 일련의, 직렬의
Please enter your serial number to install the
software.
소프트웨어를 설치하려면 일련번호를 입력하세요.

· **bus** 버스, 컴퓨터의 정보 전송 회로

+ 상식 쑥쑥

USB는 Universal Serial Bus의 줄임말이야!

오늘날 컴퓨터에 키보드, 프린터, 메모리 스틱 등 주변 장치를 연결하기 위해 가장 널리 사용되는 인터페이스 규격이야. 주변기기 종류에 따라 각기 다른 인터페이스를 사용하는 번거로움을 해결하기 위해 인텔, 마이크로소프트, 컴팩, DEC, IBM, 노텔, NEC 이렇게 7개 회사가 공동으로 규격화 작업을 진행하여 USB가 나오게 되었어.

USB는 새로운 주변기기가 연결되었을 때 자동으로 인식할 수 있으며, 통신 기능뿐만 아니라 전원 공급 기능을 갖추고 있고, 접속기 하나로 주변기기를 최대 127대까지 연결할 수 있어.

OTP
One-Time Password

오티피 l 일회용 비밀번호
무작위로 생성되는 일회용
비밀번호

+ 어휘 톡톡

· **one** 하나, 1

· **time** 시간, 시기, 경우, …번, …회, (–s) 배
How many times have you been abroad?
당신은 몇 번 외국에 다녀왔습니까?

· **password** 비밀번호
I forgot my password.
저는 비밀번호를 까먹었어요.

+ 상식 쏙쏙

OTP는 One-Time Password의 줄임말이야!

금융기관에서는 금융 사기를 방지하기 위한 보안 강화책의 일환으로 인터넷 뱅킹 시 OTP를 이용하도록 권장하고 있어. OTP 생성기 안에는 작은 시계와 암호키가 내장되어 있고, 생성기 버튼을 누르면 작동 시간 값과 암호키에 의해 계산된 비밀번호를 화면에 표시해 줘. 은행 인증 서버에도 내 생성기가 가진 것과 같은 암호키가 있기 때문에 은행 컴퓨터가 계산해서 나온 비밀번호와 고객이 입력한 숫자가 일치하면 인증이 완료되는 거지. 생성되는 비밀번호가 계속해서 바뀌니 고정된 번호를 반복해서 써야 하는 보안카드보다 더 안전한 인증 수단이야.

CC
Carbon Copy

MIMI | 참조, 참조로 넣다
주 수신인 이외에 다른 수신인
에게 이메일을 발송하는 것

+ 어휘 톡톡

· **carbon** 탄소, 먼지
Trees absorb carbon dioxide from the air and
release oxygen.
나무는 공중에서 이산화탄소를 흡수하고 산소를 내보낸다.

· **copy** 복사(본), 한 부; 복사하다
Can you e-mail me a copy of the contract?
계약서 사본을 이메일로 보내주실 수 있으신가요?

+ 상식 쑥쑥

CC는 Carbon Copy의 줄임말이야!

옛날에는 먼지(탄소가 칠해진 종이)를 이용해서 문서를 복사했고,
이 먼지를 이용해 만든 복사본을 영어로 carbon copy라고 했어.
이것이 오늘날 이메일에 적용이 되어 주 수신자 외에 다른 사람에
게 똑같은 내용의 이메일을 동시에 보내는 것을 의미하게 되었어.
CC는 이메일을 받은 사람이 본인 외에 또 어떤 사람들이 같은 이
메일을 받았는지 알 수 있는 반면 BCC(Blind Carbon Copy)는 다
른 수신인의 주소가 보이지 않게 처리해주기 때문에 이메일을 받
은 사람이 자기 외에 다른 사람에게도 이메일이 전송되었다는 사
실을 알 수 없어.

기억에 쏙쏙

1	**LAN** 근거리 통신망	**L** ▨▨▨▨	지역의, 현지의
		A ▨▨▨	지역, 구역
		N ▨▨▨▨▨▨	망, 네트워크
2	**USIM** 범용 가입자 인증 모듈	**U** ▨▨▨▨▨▨▨▨	일반적인
		S ▨▨▨▨▨▨▨▨▨	이용자
		I ▨▨▨▨▨▨	신원, 정체
		Module	모듈
3	**VR** 가상 현실	**V** ▨▨▨▨▨▨	가상의
		R ▨▨▨▨▨▨	현실
4	**URL**	**U** ▨▨▨▨▨	획일적인
		R ▨▨▨▨▨▨▨	자원
		L ▨▨▨▨▨▨	위치 탐지기
5	**QR code** 2차원 바코드	**Q** ▨▨▨▨	빠른
		R ▨▨▨▨▨▨▨	응답
		code	부호, 코드

137

🔍 재미로 보는 약어

IT 제품에 관한 관심이 높아짐에 따라 비단 업계 종사자가 아니라도 IT 전시회에 관심을 가지는 사람들이 늘어나고 있어. 세계적인 IT 전시회는 관람객들에게는 최신 제품을 직접 접하며 트렌드를 한눈에 살펴볼 수 있는 자리이고, 참여 기업에는 주력 제품과 기술을 선보임으로써 브랜드 인지도를 높이고, 새로운 파트너십을 맺을 수 있는 기회의 장이야. IT 전시회에 관해 이야기할 때 빼놓지 않고 언급되는 세계 3대 IT 박람회는 다음과 같아.

➕ 약어 속 필수 영단어

CES   <u>International</u> <u>Consumer</u> <u>Electronics</u> <u>Show</u> 국제 소비가전 박람회
          국제적인   소비자   전자 기기   쇼

CTA(Consumer Technology Association, 미국 소비자 기술 협회)가 주관하여 미국 라스베이거스에서 열리는 전시회.
초기에는 가전제품을 주로 다루었으나 지금은 VR기기, 자율주행차와 같이 첨단 기술과 기기를 전시하는 장으로 자리 잡음. CES 2018에는 4,000여 개 기업이 참여했고, 약 19만 명의 방문객이 찾은 것으로 추산.

MWC   <u>Mobile</u> <u>World</u> <u>Congress</u> 모바일 월드 콩그레스
          모바일   세계   의회

GSMA(Global System for Mobile Communications Association, 세계 이동통신 사업자 협회)에서 주관하는 세계 최대 IT 박람회.
CES와 IFA에는 가전제품의 비중이 높지만, MWC는 모바일 기기와 통신 기술이 주를 이룸.

IFA   Internationale Funkausstellung 베를린 국제가전 박람회

CES와 MWC이 조금 더 기술 중심의 전시회인 데 비해 IFA에서는 상용화 버전을 선보임. 1930년에 열린 IFA에서는 아인슈타인이 기조연설을 했을 정도로 역사가 오래됨.

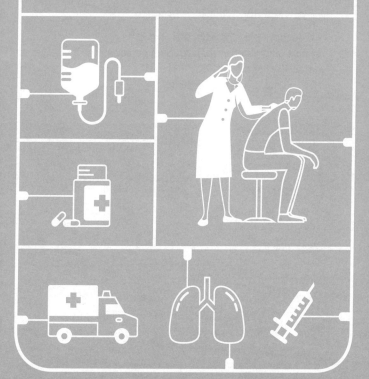

PART 7

의료·보건

내 몸은 내가 관리한다!
백세 시대를 위한
영어 + 상식

ADHD

에이디에이치디 | 주의력결핍 과다행동 장애
주의산만, 과잉행동, 충동성을 증상으로 하는 질환

Attention **D**eficit **H**yperactivity **D**isorder

+ 어휘 톡톡

· **attention** 주의, 주목, 관심
May I have your attention, please?
주목해주시겠습니까?

· **deficit** 결핍, 적자, 부족, 결함
I'm concerned about the growing budget deficit.
나는 증가하는 재정 적자가 걱정된다.

· **hyperactivity**. 과다활동 **+ hyper-** 과도, 과장

· **disorder** 혼란, 엉망, 난동, 질환, 기능 장애
I was diagnosed with borderline personality
disorder.
나는 경계성 인격 장애로 진단받았다.

+ 상식 쑥쑥

ADHD는 Attention Deficit Hyperactivity Disorder의 줄임말이야!

아이들과 청소년들의 정신 건강 문제를 이야기할 때 가장 흔하게
언급되는 질환이 ADHD야. ADHD는 주의력 결핍, 과잉행동, 충동
성의 증상을 특징으로 해. 그래서 아이가 수업시간이나 놀이를 할
때 자주 부주의한 모습을 보이고, 상황에 맞지 않게 뛰어다니거나
잠시도 가만히 있지 못하면 부모와 교사는 ADHD를 의심하게 되지.
현재로서는 ADHD의 주된 원인이 유전적 요인을 포함하는 생물학
적 요인이라고 보고 있어. 약물치료가 증상 호전에 효과적이고, 사
고력 계발 훈련, 감정 조절, 분노 통제 치료를 병행하며 주변 환경
을 차분하게 만들어주면 치료 효과가 더 커진다고 해.

AIDS
Acquired Immune Deficiency Syndrome

에이즈 | 후천성 면역결핍증
HIV에 걸려 면역력이 저하되는
질환

+ 어휘 톡톡

· **acquired** 습득한, 후천적인 **+ acquire** 획득하다, 얻다
He's teaching a child with an acquired brain injury.
그는 후천적 뇌 손상을 입은 아이를 가르치고 있다.

· **immune** 면역성이 있는, 면역된
Consuming too much sugar weakens the immune system.
과다한 설탕 섭취는 면역체계를 약하게 한다.

· **deficiency** 결핍(증), 부족
Vitamin D deficiency can be caused by inadequate natural sunlight.
비타민 D 결핍은 불충분한 자연 일광으로 유발될 수 있다.

· **syndrome** 증후군, 일련의 증상

+ 상식 쏙쏙

AIDS는 Acquired Immune Deficiency Syndrome의 줄임말이야!

인간 면역결핍 바이러스(HIV-Human Immunodeficiency Virus)에 감염되어 인체 면역력이 저하되고 면역력이 정상인 사람에게는 발병할 수 없는 감염증과 악성 종양이 발생하는 상태가 AIDS야. HIV 감염자라고 해서 다 AIDS 환자인 것은 아니야. 감염 후 10년 간은 특별한 증상이 나타나지 않으며, 적절한 치료를 통해 면역 기능을 유지하여 30년 이상 생존할 수 있어. HIV는 혈액을 통해 전파되고 가장 흔한 감염 경로는 HIV 감염인과의 성적인 접촉, 주삿바늘 공유, 수혈, 산모로부터 태아에게 전파되는 것이야.

MERS
Middle East Respiratory Syndrome

메르스 | 중동 호흡기 증후군
중동 지역에서 집중적으로 발생하는
코로나바이러스로 인한 호흡기 증후군

+ 어휘 톡톡

· **middle** 중앙, 가운데; 중앙의, 가운데의

· **east** 동쪽, 동부; 동쪽에 있는[으로 향하는]; 동쪽으로

· **Middle East** 중동
I'll interview an expert on the political issues of the
Middle East.
저는 중동 정치 문제 전문가를 인터뷰할 거예요.

· **respiratory** 호흡의, 호흡 기관의 **+ respiration** 호흡
If a parent continues to smoke, the child has an
increased risk of respiratory illnesses.
만약 부모가 계속해서 흡연한다면, 아이는 더 높은 호흡기 질환
위험을 갖는다.

· **syndrome** 증후군, 일련의 증상

+ 상식 쑥쑥

MERS는 Middle East
Respiratory Syndrome의 줄임말이야!

MERS는 변종 코로나바이러스에 의한 감염병이야. 메르스에 걸리
면 38도 이상의 고열과 함께 기침, 호흡 곤란, 숨 가쁨 등 호흡기
관련된 증상을 보이고 심각한 경우 사망에 이르기도 해. 사우디아
라비아, 아랍에미리트를 비롯한 중동 지역을 중심으로 감염 환자
가 발생하고 있어서 중동 호흡기 증후군이라고 불러. 사스(SARS-
Severe Acute Respiratory Syndrome) 때와 달리 국내에서도 감
염자와 사망자가 나와 사람들이 더 불안해했어.
MERS는 감염자와의 밀접 접촉을 통해 전파되기 때문에 발병 지역
방문을 자제하고 개인위생에 철저하게 신경 쓰는 것이 중요해.

PTSD
Post-Traumatic Stress Disorder

피티에스디 | 외상 후 스트레스 장애
충격적인 사건을 겪은 후에 발생하는
정신적인 질환

+ 어휘 톡톡

· **post-** 뒤에, 나중에
This book covers postwar Korean literature.
이 책은 전후 한국 문학을 다룬다.

· **traumatic** 정신적 외상에 의한, 정신적 외상을 초래하는
He finally opened up about his traumatic
experience.
그는 마침내 그의 트라우마적 경험을 털어놓았다.

· **stress** 스트레스, 압박, 긴장; 강조하다
I'm under a lot of stress.
나는 스트레스를 많이 받고 있어.

· **disorder** 혼란, 엉망, 난동, 질환, 기능 장애

+ 상식 쑥쑥

PTSD는 Post-Traumatic Stress Disorder의 줄임말이야!

전쟁, 자연재해, 사고같이 일반적으로 경험할 수 있는 범주를 넘어
선 충격적인 사건을 겪거나 목격하는 것을 정신적 외상이라고 해.
외상을 겪은 후에 자신이 겪은 일에 대한 생각을 멈출 수가 없거나
반복적으로 그 사건과 관련된 악몽을 꾸며 고통을 받기도 하고, 사
건을 연상하게 하는 상황에 공포감을 느껴 예민하게 반응하며 회
피하려고 하는 증상이 계속되는 질환이 PTSD야. 인지행동치료, 약
물치료로 호전될 수 있고, 주변에서 보내는 정서적 지지가 PTSD
극복에 도움이 된다고 해.

STEP 1

ICU
Intensive Care Unit

아이씨유 | 중환자실[집중치료실]

중증환자를 중점적으로 치료하기
위한 병원 내 특수치료시설

STEP 2

+ 어휘 톡톡

· **intensive** 집중적인, 집약적인
I recommend you take an intensive English course.
나는 너에게 집중 영어 과정 수강을 추천해.

· **care** 돌봄, 보살핌, 주의; 관심을 가지다, 돌보다, 좋아하다
Take good care of yourself.
몸조리 잘 하세요.

· **unit** 한 개, 구성단위, 설비
Two people have been transferred to a burn unit.
두 사람이 화상 센터로 이송되었다.

+ 상식 쓱쓱

STEP 3

ICU는 Intensive Care Unit의 줄임말이야!

ICU는 상태가 위중하고 지속적인 모니터링이 필요한 환자를 치료
하기 위해 병원에서 따로 운영하는 집중치료실이야. 집중치료실에
서 관리할 수 있는 환자 수에 제한이 있기 때문에 입실 기준이 있
어. 일반치료실에서 치료해도 충분한 상태이거나, ICU 치료로도 회
복 가망이 없다고 판단할 정도로 상태가 나쁜 환자는 입실 대상이
아니야.

치료 대상마다 ICU를 분화하기도 해. 신생아를 대상으로 하는 중
증 치료 시설은 앞에 neonatal(신생아의)을 붙여 NICU라고 하고,
어린이를 대상으로 하면 pediatric(소아과의)을 붙여 PICU라고 해.

MRI
Magnetic Resonance Imaging

엠알아이 | 자기공명영상법
자기장을 이용하여 생체 단면
영상을 얻는 장치

+ 어휘 톡톡

· **magnetic** 자석 같은, 자성의   **+ magnet** 자석
A compass needle aligns parallel to a magnetic field.
나침반 바늘은 자기장에 평행하게 정렬된다.

· **resonance** 울림, 공명, 공진
His words have significant resonance in today's society.
그의 말은 오늘날 사회에 상당한 울림이 있다.

· **imaging** (음파, 온도, 전기적 활성 등의) 이미지화
The police used thermal imaging cameras to find the trapped boy.
경찰은 갇혀있는 소년을 찾기 위해 열 화상 카메라를 사용했다.

+ 상식 쑥쑥

MRI는 Magnetic Resonance Imaging의 줄임말이야!

MRI를 찍으려면 아주 강력한 자기장이 필요해. MRI 찍는 장면을 보면 사람이 커다란 원통에 들어가잖아. 그 원통이 바로 강력한 자기장을 만들어내는 대형 자석이야.

잘 알다시피 우리 몸의 70%는 물이야. 물은 수소 원자 둘과 산소 원자 하나로 구성되어 있으니 우리 몸 안에는 아주 많은 수소 원자가 곳곳에 존재하고 있어. 수소 원자의 핵은 평소에는 자유롭게 있지만 강한 자기장에 노출되면 한 방향으로 정렬돼. 여기에 고주파를 짧게 쏘면 원자핵이 고주파를 흡수했다가 다시 방출하지. 이때 방출하는 고주파를 받아 영상을 만드는 것이 MRI의 원리야.

CPR
Cardiopulmonary Resuscitation

씨피알 | 심폐소생술
정지된 심장을 대신해 산소를 공급하고
혈액을 순환하게 하는 응급 처치

+ 어휘 톡톡

· **cardio-** 심장과 관련된

· **pulmonary** 폐의

· **cardiopulmonary** 심폐의
Exercise helps improve cardiopulmonary function.
운동은 심폐 기능 향상에 도움을 준다.

· **resuscitation** 소생(법), 부흥, 갱신
During surgery, doctors had to perform emergency
resuscitation on the patient.
수술 중에 의사들은 환자에게 긴급 소생을 시행해야 했다.

+ 상식 쏙쏙

CPR은 Cardiopulmonary Resuscitation의 줄임말이야!

우리 몸은 혈액을 통해 뇌를 비롯한 각 부분에 산소를 전달해. 심장이 정지하면 혈액 순환이 되지 않으니 뇌에 산소가 공급되지 않고, 이러한 상태가 4~6분 지속하면 뇌는 치명적인 손상을 입어. CPR은 정지된 심장을 대신해서 호흡과 혈액 순환을 유지해주기 위해 시행하는 응급처치, 즉 심폐소생술이야. 심정지 후 6분 안에 CPR을 시행하면 생존율이 3배까지 올라간다고 하니 주변에서 심정지 환자를 목격하면 즉시 구조를 요청하고, CPR을 시행하는 것이 중요해. CPR은 환자의 의식을 확인하고, 구조 요청을 한 후, 흉부 압박 30회와 인공호흡 2회를 번갈아 가며 시행하면 돼.

AED
Automated External Defibrillator

에이이디 | 자동 제세동기
자동으로 심전도를 분석하여 전기충격을
가함으로 심실세동을 제거하는 기계

+ 어휘 톡톡

· **automated** 자동화된, 자동의　**+ automate** 자동화하다
The company will have a fully automated
warehouse by next year.
그 회사는 내년쯤에 완전 자동화된 창고를 갖게 될 것이다.

· **external** 외부의, 밖의
True happiness doesn't come from external
circumstances.
진정한 행복은 외부 환경에서 오지 않는다.

· **defibrillator** 제세동기　**+ fibrillation** 세동
Defibrillators commonly appear in medical dramas.
제세동기는 의학 드라마에 흔하게 나온다.

+ 상식 쑥쑥

AED는 Automated External Defibrillator의 줄임말이야!

심장은 수축하고 이완함으로써 혈액을 내보내고 받아들여. 그런데 심실 근육에 잔 떨림(심실세동)이 일어나면 심장이 혈액을 정상적으로 뿜어내지 못하니 심장이 멈춘 것과 같은 상태가 돼버리지. 심실세동은 순간적으로 강한 전기 충격을 가해 제거할 수 있는데 얼마나 빨리 처치하느냐에 제세동 성공률이 좌우되기 때문에 병원 밖에서 발생하는 심실세동에 일반인들이 대처할 수 있도록 자동 제세동기를 곳곳에 설치해 두었어. 자동 제세동기는 기기에서 나오는 음성 안내만 따르면 기기가 알아서 심전도를 분석하고 처치를 유도하므로 의료인이 아니더라도 누구나 사용할 수 있어.

STEP 1

BMI
Body Mass Index

비엠아이 | 체질량지수
체중과 신장을 이용한 비만
측정법

STEP 2

+ 어휘 톡톡

· **body** 몸, 신체
Over my dead body.
(내 살아생전에는) 절대 안 돼.

· **mass** 덩어리, 무리, 다수, 질량
The mass media has a heavy influence on society.
대중매체는 사회에 큰 영향을 끼친다.

· **index** 색인, 지수, 지표
The index dropped by more than 2 percent.
지수는 2% 이상 하락했다.

+ 상식 쑥쑥

STEP 3

BMI는 Body Mass Index의 줄임말이야!

지방이 정상보다 많은 상태를 비만이라고 하므로 정확하게 비만을
진단하기 위해서는 체내 지방량을 측정해야 해. 하지만 체내 지방
량을 정확하게 측정하기 어렵기 때문에 BMI나 허리둘레 측정과 같
이 간단한 방식을 많이 이용하지.

BMI는 체중(kg)을 키(m)의 제곱으로 나눈 값이야. 대한비만학회에
서는 BMI 23(kg/m²) 이상을 과체중, 25(kg/m²) 이상을 비만이라
고 보고 있어. 사람마다 골격의 차이와 근육량과 체지방량 비율의
차이가 있는데 이를 반영하지 못한다는 것이 BMI의 한계야.

HDL
High Density Lipoprotein

에이치디엘 | 고밀도 지단백질
말초 조직의 콜레스테롤을 간으로
이송하여 제거하는 지단백질

+ 어휘 톡톡

· **high** 높은, 높은 곳의, 뛰어난
These high-end office chairs are expensive, but
they're worth the investment.
이 고급 사무실 의자는 비싸지만, 투자할 가치가 있습니다.

· **density** 밀도
Rural areas have relatively low population density.
시골 지역은 상대적으로 낮은 인구 밀도를 가지고 있다.

· **lipoprotein** 지단백질

+ 상식 쑥쑥

HDL은 High Density Lipoprotein의 줄임말이야!

지방은 물에 녹지 않기 때문에 단백질과 결합하여 혈액 속에서 지
단백질 형태로 운반돼. 지단백질 중 단백질 밀도가 높은 것은 고밀
도 지단백질, 단백질 밀도가 낮은 것은 저밀도 지단백질(LDL -
Low Density Lipoprotein)이야. 우리가 흔히 '좋은 콜레스테롤'
이라고 부르는 것은 HDL 콜레스테롤을 가리켜. LDL 콜레스테롤은
신체에 콜레스테롤을 공급하는 역할을 하고, HDL 콜레스테롤은
과다한 콜레스테롤을 분해하도록 간으로 운반하는 역할을 하여 동
맥경화를 예방해줘.

STEP 1

RGP Lenses

알지피 렌즈 | 산소 투과성 하드 렌즈
산소를 투과시킬 수 있는 단단한 재질로
만든 시력교정 렌즈

Rigid Gas Permeable Contact Lenses

+ 어휘 톡톡

STEP 2

· **rigid** 굳은, 경직된, 단단한, 엄격한
Rigid plastic packaging consumption is projected
to grow across all regions.
경질 플라스틱 포장 용기 소비는 전 지역에 걸쳐 성장할 것으로
예측된다.

· **gas** 기체, 가스
Is gas heating cheaper than electric heating?
가스 난방이 전기보다 더 싼가요?

· **permeable** 침투할 수 있는, 투과성의
This fabric is waterproof and air-permeable.
이 직물은 방수가 되면서 공기가 통한다.

+ 상식 쑥쑥

STEP 3

RGP Lenses는 Rigid Gas Permeable Contact Lenses의 줄임말이야!

각막은 다른 신체 조직과 달리 혈관이 없어. 그래서 대기에서 직접
산소를 공급받아야 하지. RGP 이전 하드 렌즈는 각막을 대기와 차
단하는 재질이라 오래 착용 시 각막이 산소를 공급받지 못해 부작용
이 많았어. 산소 투과성이 낮기는 소프트 렌즈도 마찬가지였지. 이러
한 문제를 해결하기 위해 실리콘과 불소 화합물로 산소가 통과할 수
있는 콘택트렌즈를 개발했어. 이 렌즈에는 '기체가 침투할 수 있는
단단한 렌즈'라는 뜻의 이름을 붙였고, 줄여서 RGP 렌즈라고 불러.
오늘날 우리가 하드 렌즈라고 하는 것은 거의 다 RGP 렌즈야.

기억에 쏙쏙

1	**BMI** 체질량지수	**B**▨▨▨	신체
		M▨▨▨	질량
		I▨▨▨▨	지수
2	**MRI** 자기공명 영상법	**M**▨▨▨▨▨▨▨	자성의
		R▨▨▨▨▨▨▨▨	울림, 공명
		I▨▨▨▨▨▨	이미지화
3	**AIDS** 후천성 면역결핍증	**A**▨▨▨▨▨▨▨	후천적인
		I▨▨▨▨▨	면역
		D▨▨▨▨▨▨▨▨▨	결핍, 부족
		S▨▨▨▨▨▨▨	증후군
4	**PTSD** 외상 후 스트레스 장애	**P**▨▨▨-	뒤에, 나중에
		T▨▨▨▨▨▨▨▨	정신적 외상에 의한
		S▨▨▨▨▨	스트레스, 압박
		D▨▨▨▨▨▨▨	혼란, 질환

재미로 보는 약어 7 시력교정술

🔍 재미로 보는 약어

안경이나 렌즈 없이도 앞을 잘 보고 싶은 사람은 시력교정술을 고려하지. 시력교정술 하면 가장 먼저 떠올리는 라식(LASIK)이나 라섹(LASEK)도 줄임말이야. 그래서 두 용어를 구성하고 있는 단어들을 보면 의미를 더 정확하게 파악할 수 있어.

라식과 라섹은 각각 Laser-Assisted In-Situ Keratomileusis, Laser-Assisted Sub-Epithelial Keratectomy라는 단어의 줄임말이야. laser(레이저)와 assist(보조하다)를 제외하고는 전문 용어처럼 보이지만 겁먹지 말고 하나씩 살펴보자.

라식에 in-situ는 '제자리에'라는 뜻의 라틴어야. 그 뒤의 keratomileusis는 각막절삭성 형술이라는 뜻이니 종합해보면 '레이저로 각막을 절삭한 후에 (각막 절편을) 제자리에 덮어주는 수술'이라는 뜻이네.

다음으로 라섹을 보면 sub은 '아래'라는 뜻이고, epithelial은 상피라는 뜻이니 라섹의 sub-epithelial은 '상피 아래'라는 뜻, 그리고 keratectomy는 각막절제술이라는 뜻이니 종합하면 '(각막 상피를 제거한 후) 레이저로 각막 상피 아래 각막을 깎는 수술'이라는 의미야.

라식과 라섹은 레이저로 각막을 깎는다는 것은 같지만, 각막 절편을 만드느냐 안 만드느냐가 다른 수술이네!

각막 두께가 충분하지 않아서 라식이나 라섹을 할 수 없는 사람들은 ICL을 하기도 해. ICL은 Implantable Contact Lens(삽입 가능한 콘택트렌즈)의 앞 글자를 딴 것으로 일반 콘택트렌즈 말고 특수하게 개발된 렌즈를 눈 속에 삽입해주는 시력 교정술이야.

안경과 렌즈보다 더 편리하다는 점에서 시력교정술을 선택하는 사람들이 늘고 있지만, 시력은 삶의 질과 건강에 차지하는 비중이 정말 큰 부분이니 충분한 상담을 통해 부작용에 대해 잘 인지하고 신중하게 결정 내려야 해.

PART 8

군사·국제

지금은 글로벌 시대!
세계 시민으로 발돋움하기 위한
영어 + 상식

ICBM
Intercontinental Ballistic Missile

**아이씨비엠 ㅣ
대륙 간 탄도 미사일**

다른 대륙을 공격할 수 있는
탄도 미사일

+ 어휘 톡톡

· **intercontinental** 대륙 간의
Hot meals are served on intercontinental flights.
대륙 간 비행에서는 따뜻한 식사가 제공됩니다.

· **ballistic** 탄도의   **+ go ballistic** 분통을 터뜨리다
The soldiers were protected by ballistic shields.
군인들은 방탄 방패로 보호되었다.

· **missile** 미사일
The missile strike took place on the morning of
May 11th.
미사일 공격은 5월 11일 아침에 일어났다.

+ 상식 쏙쏙

ICBM은 Intercontinental Ballistic Missile의 줄임말이야!

총탄이 추진력을 받아 총신에서 발사되고 나면 중력의 영향을 받아 포물선을 그리며 관성운동을 하지. 탄도 미사일은 로켓의 추진력으로 날아가다가 총탄처럼 포물선을 그리며 비행하는 미사일이야. 탄도 미사일 중 한 대륙에서 다른 대륙을 공격할 수 있을 정도로 긴 사정거리를 가진 탄도 미사일을 ICBM이라고 해. 보통 ICBM은 핵탄두를 장착하기 위한 목적으로 개발되며, 다른 핵무기에 비교해 발사 준비에 걸리는 시간이 짧아 아주 위협적인 무기로 여겨져. 그래서 미국과 소련은 1969년 전략무기제한협정을 맺고 ICBM과 거기에 탑재되는 핵탄두의 수량을 제한했어.

THAAD

사드 | 고고도 지역 방어 체계
40~150km 고도에서 적의 미사일을
요격할 수 있는 방어 체계

Terminal High Altitude Area Defense

+ 어휘 톡톡

· **terminal** 말단의, 종말의, 말기의, 불치의; 터미널, 종착역
The man was suffering from a terminal brain tumor.
그 남자는 말기 뇌종양으로 고통받고 있었다.

· **high** 높은, 높은 곳의, 뛰어난

· **altitude** 고도, 고지
The farm is situated at an altitude of 4,000 feet.
그 농장은 고도 4,000피트에 있다.

· **area** 지방, 지역, 분야

· **defense** 방어, 수비   **+ defend** 방어하다, 옹호하다
use defense mechanisms
방어 기제를 사용하다

+ 상식 쑥쑥

THAAD는 Terminal High Altitude Area Defense의 줄임말이야!

탄도 미사일은 발사 후 로켓 모터를 연소하여 가속하는 상승단계, 관성에 의해 정해진 궤적을 비행하는 비행단계, 그 후 자유낙하하다 다시 대기권에 진입하는 종말 단계를 거쳐 목표물을 향해 낙하해. THAAD는 탄도 미사일을 종말 단계에서 직접 추돌해 파괴할 수 있는 미사일 방어 체계로 요격 고도는 40~150km 사이야.
사드는 포대 통제소, 사격 통제 레이더(AN/TPY-2) 1대, 발사대 6대, 요격 미사일 28발 등으로 구성돼. 중국이 우리나라 사드 배치에 반발했던 이유는 AN/TPY-2 레이더를 전진배치 모드로 설정할 경우 탐지거리에 중국 일부 지역이 포함되기 때문이라고 해.

DMZ
Demilitarized Zone

디엠지 | 비무장지대
군사 활동과 무장이 금지된
지역

+ 어휘 톡톡

· **demilitarize** 무장을 해제하다　**+ military** 군사의; 군대
They both agreed to demilitarize their common border.
양측 모두 공통 국경 지대의 무장을 해제하기로 동의했다.

· **zone** 지구, 지역
The entire island will be designated as a tax-free zone.
섬 전체가 면세 구역으로 지정될 것이다.

+ 상식 쑥쑥

DMZ는 Ḋemilitarized Żone의 줄임말이야!

DMZ는 적대국 군대 간의 무력 충돌을 방지하기 위한 완충지대야. 우리나라는 1953년부터 정전협정에 의해 휴전선으로부터 남, 북으로 각각 2km의 지대가 DMZ로 지정되어 있어. 원칙적으로 DMZ 내에는 군 병력 주둔과 군사 시설 설치가 금지되어 있지만 실상은 남북 모두 그 안에 경계 초소(GP-Guard Post)를 설치하고 총을 든 군인이 서로를 경계하지.
DMZ는 생태계의 보고로도 주목받아, 오랜 시간 사람의 출입이 통제되었기 때문에 생태계가 잘 보존될 수 있었고, 여러 멸종 위기 동식물이 사는 것으로 알려졌어.

NLL

Northern Limit Line

엔엘엘 | 북방한계선
남한 선박이 넘어갈 수
없는 해상 군사분계선

+ 어휘 톡톡

· **northern** 북쪽에 위치한, 북부의   **+ north** 북쪽; 북쪽에 있는
Summer is the best time of year to visit northern Europe.
여름은 북유럽을 방문하기에 일 년 중 가장 좋은 시기이다.

· **limit** 한계, 한도; 제한하다
My tolerance has reached its limit.
내 관용은 한계에 다다랐어.

· **line** 선, 줄, 가사
This time, you've crossed the line.
이번에는 네가 선을 넘었어.

+ 상식 쑥쑥

NLL은 Northern Limit Line의 줄임말이야!

한국전쟁 정전협정에서는 남북한 간 육상경계선만 설정하였고, 해상 군사분계선은 다루지 않았어. 그래서 클라크 UN군 사령관은 남측 함정이 북측 해역에 접근하여 군사 충돌이 일어나는 것을 막기 위해 백령도 · 대청도 · 소청도 · 연평도 · 우도와 황해도 지역의 중간선을 기준으로 NLL을 설정하였지.

NLL은 북한과 협의 없이 설정한 것이었지만 북측이 한동안 공식적인 반발이나 이의제기를 하지 않았기에 사실상 남북 간의 해상 경계선 역할을 해왔어. 그러나 1973년을 시작으로 북한은 NLL에 대해 불만을 드러내기 시작했고 NLL 침범을 반복하고 있어.

SOFA
Status of Forces Agreement

소파 | 주한미군지위협정
주한미군의 관할권과 지위에
관해 맺은 협정

+ 어휘 톡톡

· **status** 신분, 자격, 지위
His socio-economic status has changed so much.
그의 사회-경제적 지위는 아주 많이 변했다.

· **force** 힘, 폭력, 효력, 군대, 집단; 강요하다, 억지로 시키다
When the war broke out, Jeremy was determined
to join the Air Force.
전쟁이 발발했을 때, 제레미는 공군에 들어가기로 했다.

· **agreement** 협정, 합의 **+ agree** 동의하다
I was asked to sign a non-disclosure agreement
(=NDA).
나는 기밀유지 합의서에 서명할 것을 요구받았다.

+ 상식 쑥쑥

SOFA는 Status of Forces Agreement의 줄임말이야!

원래 국제법상 외국군대는 주둔하는 나라의 법률질서에 따라야
해. 예를 들어 주한미군이 한국에서 범죄를 저지르면 대한민국 법
률에 따라 재판을 받아야 하는 거지. 그렇지만 주한미군의 범죄 행
위는 수사 자체가 어려운 경우가 많은데 그건 미국과 SOFA를 맺
었기 때문이야. 정식명칭은 '대한민국과 아메리카합중국간의 상호
방위조약 제4조에 의한 시설과 구역 및 대한민국에서의 군대의 지
위에 관한 협정'이고, 외국군대가 수행해야 하는 임무의 특수성을
인정하여 적절한 편의와 배려를 보장하는 협정이야. 현재 SOFA는
지나치게 미군 중심적이어서 개정을 요구하는 목소리가 커.

IAEA
International Atomic Energy Agency

아이에이이에이 | 국제원자력기구
평화로운 원자력 사용을 위해 설립된
국제기구

+ 어휘 톡톡

· **international** 국제적인, 국가 간의
She's one of the top international human rights lawyers.
그녀는 가장 뛰어난 국제 인권 변호사 중 한 명이다.

· **atomic** 원자의, 원자력의

· **energy** 활력, 원기, 에너지
This is a great energy-efficient heater.
이것은 에너지 효율이 아주 좋은 난방기이다.

· **agency** 대행사, 대리점, 단체, (정부) 기관
The foreign aid agency tried to recruit many local staff members.
그 해외 원조 기관은 많은 현지 직원을 채용하려고 노력했다.

+ 상식 쑥쑥

IAEA는 International Atomic Energy Agency의 줄임말이야!

북한 비핵화와 관련하여 국제사회는 북한이 IAEA의 사찰에 응할 것을 요구한다는 말을 뉴스에서 자주 들을 수 있지. IAEA는 평화로운 원자력 사용을 위한 국제적 협력을 목적으로 1957년 설립된 UN 독립기구야. 원자력 기술지원 및 협력을 제공하고 방사선 위험에서 건강과 환경을 보호하기 위한 안전기준을 발하는 동시에 군사적 목적으로 원자력을 이용하지 못하도록 통제하는 역할을 해. 핵확산금지조약 가입국은 IAEA에 원자력시설 사찰을 받을 의무가 있어.

UN
United Nations

유엔 | 국제연합

국제평화와 안전 유지를 위해
1945년에 공식 출범한 국제기구

+ 어휘 톡톡

· **united** 연합한, 통합된   **+ unite** 연합하다, 통합하다
We need a united effort to fight crime.
우리는 범죄와 싸우기 위해 연합된 노력이 필요하다.

· **nation** 국가, 국민   **+ nationality** 국적, 민족
A significant number of South Korean companies
are expanding their businesses in Southeast Asian
nations.
상당히 많은 한국 회사들이 동남아시아 국가들에서 사업을 확장
하고 있다.

+ 상식 쑥쑥

UN은 United Nations의 줄임말이야!

제2차 세계 대전 종결 후 창설된 국제기구야. UN 헌장을 살펴보면
'국제평화와 안전을 유지', '국가 간의 우호 관계를 발전', '경제
적·사회적·문화적 또는 인도적 성격의 국제문제를 해결', '각국의
활동을 조화시키는 중심이 되는 것'이 설립 목적이라고 해.
UN은 총회, 안전보장이사회, 경제사회이사회, 신탁통치이사회, 국
제사법재판소, 그리고 사무국을 주요 기관으로 하며 여러 산하 기
구와 관련 기구를 두고 있어. UNICEF, UNESCO처럼 약자 앞에
UN이 들어가 있으면 거의 UN 산하 기구라고 보면 돼. 우리에게
익숙한 WHO나 IMF도 UN 전문기구야.

IBRD

International Bank for Reconstruction and Development

아이비알디 | 국제부흥개발은행
저개발국에 개발 자금을 낮은 이율로
빌려주는 금융기관

+ 어휘 톡톡

· **international** 국제적인, 국가 간의

· **bank** 은행, 둑, 제방
The bank teller was very helpful.
은행 출납원이 아주 잘 도와주었어.

· **reconstruction** 복원, 재건, 재구성
The reconstruction of the dam will take years.
댐 재건은 몇 년이 걸릴 것이다.

· **development** 발달, 성장, 개발
How's your development project going?
당신의 개발 프로젝트는 어떻게 진행되고 있나요?

+ 상식 쑥쑥

IBRD는 International Bank for Reconstruction and Development의 줄임말이야!

공식 국문 명칭은 국제부흥개발은행이고 흔히 '세계은행'이라고 불러. 원래 제2차 세계대전 이후 전쟁으로 황폐해진 국가들의 재건 비용을 조달하기 위해 만들어졌지만, 지금은 경제 개발 자금을 빌려주는 역할을 해. 개발 도상국이 전력, 상하수도 설비 등을 설치하기 위해서는 큰돈이 드는데 대부분의 개발 도상국은 국가 신용도가 낮아 필요한 만큼 돈을 빌리기 힘들어. IBRD는 이런 국가의 정부 혹은 정부의 상환보증을 받은 기업에 개발 자금을 낮은 이율로 빌려주는 거야. 재원은 회원국들의 납부금, 채권발행, 사업소득 등으로 마련해. 한국은 1955년에 가입했어.

IMF
International Monetary Fund

아이엠에프 | 국제통화기금
외환 시세를 안정시키기 위해
설립된 국제 금융 기구

+ 어휘 톡톡

· **international** 국제적인, 국가 간의

· **monetary** 통화의, 화폐의
The president showed consistency in talking about
monetary policy.
대통령은 통화 정책에 대해 이야기하는 데 있어서 일관성을 보였
다.

· **fund** 기금, 자금, 돈; 자금을 제공하다
They're organizing a special event to raise funds.
그들은 기금을 마련하기 위해 특별 행사를 조직하고 있어.

+ 상식 쑥쑥

IMF는 International Monetary Fund의 줄임말이야!

제1차 세계대전의 후유증과 대공황을 극복하기 위해 세계 각국은
자국 통화 평가 절하 정책을 펼쳤고, 그로 인해 세계 경제는 혼란
에 빠지게 되었어. 이런 상황에서 외환 시세를 안정시키고 세계 무
역을 확대하기 위해 설립된 기구가 IMF야. 초기에는 가입국들의
통화 가치를 미국 달러에 고정한 후 1% 범위에서만 조정하는 제도
를 통해 외환 시세를 안정시키는 임무를 맡았으나 달러에 대한 고
정 환율 제도가 폐지된 후로는 경제 위기에 처한 나라에 자금을 빌
려주고, 그 나라의 경제 정책에 대해 자문하는 역할을 주로 해. 우
리나라도 1997년 금융 위기 때 IMF에 구제 금융을 신청했었어.

WTO
World Trade Organization

더블유티오 | 세계무역기구
자유로운 세계 무역을 촉진하기
위해 설립된 기구

+ 어휘 톡톡

· **world** 세계, 지구
It's not the end of the world if you fail the exam.
네가 시험에 떨어진다고 해도 세상이 끝나는 것은 아니야.

· **trade** 거래, 교역, 무역; 거래하다, 무역하다
We met some potential clients at the trade show.
우리는 무역 박람회에서 몇몇 잠재적 고객을 만났어.

· **organization** 조직, 단체, 기구
The organization was founded in 1983.
이 단체는 1983년에 설립되었다.

+ 상식 쑥쑥

WTO는 World Trade Organization의 줄임말이야!

'관세 및 무역에 관한 일반 협정(GATT—General Agreement on
Tariffs and Trade)'을 대체하여 관세 장벽과 수출입 제한을 낮추기
위해 등장한 무역 기구야. 2018년 기준 164개국이 참여하고 있어.
정식 국제기구는 아니었던 GATT와 달리 WTO는 회원국의 통상
분쟁 해결에 사법적 권한을 가져. 그래서 반덤핑 규제, 관세 인하
요구를 비롯하여 자유 무역 질서를 세우는 데 필요한 일을 더 적극
적으로 할 수 있지. 또 GATT는 재화 무역에 대해서만 다루었지만,
WTO는 더 나아가 서비스, 지적 재산권까지 관장해.

FTA
Free Trade Agreement

에프티에이 | 자유무역협정
자유로운 무역을 위해 관세를 없애고
무역 제한을 철폐하는 협정

+ 어휘 톡톡

- **free** 자유로운, 무료의, 면제된; 자유롭게 하다, 해방하다
  Please feel free to ask me a question.
  제게 자유롭게 질문해 주세요.

- **trade** 거래, 교역, 무역; 거래하다, 무역하다
  Both countries partially lifted trade restrictions.
  양국은 부분적으로 무역 제한을 철폐했다.

- **agreement** 협정, 합의
  The agreement expires at the end of 2023.
  그 합의는 2023년 말에 만료된다.

+ 상식 쑥쑥

FTA는 Free Trade Agreement의 줄임말이야!

회원국 사이에서 무역과 투자가 확대되도록 관세를 철폐하는 무역 협정이야. WTO는 회원국 수가 많기 때문에 협상에 긴 시간이 걸리고 모든 회원국이 같은 혜택을 받아. 반면 FTA는 조약 당사국끼리만 무역 장벽을 철폐하므로 WTO보다 신속하고 효율적인 협상이 가능하며 더 높은 수준의 무역 자유화를 목표로 해. 예를 들어 WTO 회원국 사이에서 적용하는 관세가 5%라면 한국은 A라는 나라와 서로 관세를 2%로 낮추어 적용하자고 협정을 맺는 거지. 그럼 한국은 A 국가에서 추가 관세 인하에 따른 가격 경쟁력을 확보할 수 있게 되고 수출 증가를 기대할 수 있어.

OECD

Organization for Economic Cooperation and Development

오이씨디 | 경제협력개발기구
경제 성장, 개발 도상국 원조, 무역 확대
세 가지를 목적으로 하는 국제기구

+ 어휘 톡톡

· **organization** 조직, 단체, 기구

· **economic** 경제의, 경제성이 있는 **+ economy** 경기, 경제
Economic growth is weaker than expected.
기대했던 것보다 경제 성장이 약하다.

· **cooperation** 협력, 합동, 협동
I appreciate your cooperation in this matter.
이 문제에 관한 당신의 협조에 감사드립니다.

· **development** 개발, 발달, 성장
Scientists and politicians gathered to discuss
sustainable development.
지속 가능한 개발을 논의하기 위해 과학자와 정치인이 모였다.

+ 상식 쑥쑥

OECD는 Organization for Economic Cooperation and Development의 줄임말이야!

OECD는 경제 발전과 무역 확대를 위해 정부 간 협력을 도모하는 기구야. 경제 분야에 한정하지 않고 무역, 환경, 과학 등 광범위한 분야를 망라하여 중요 이슈를 논의하고 규범을 마련하며, 관련 통계 자료와 연구 결과를 발표하고 있어.

OECD는 시장경제체계를 채택하고, 인권을 존중하는 다원적 민주주의 국가에만 가입을 허가해. 그 밖에도 가입 신청국의 경제·무역·노동 정책 등이 OECD가 추구하는 방향과 일치하는지 전반적으로 심사를 거치지. 우리나라는 1996년 29번째 회원국이 되었어.

MOU
Memorandum of Understanding

엠오유 | 양해각서

합의 내용을 확인하고
기록하는 문서

+ 어휘 톡톡

· **memorandum(=memo)** 각서, 메모, 기록, 규약
This memorandum explains the new procedures.
이 기록은 새로운 절차를 설명한다.

· **understanding** 이해, 합의
He doesn't have a basic understanding of
mathematics.
그는 수학에 대한 기초적인 이해가 없어.

+ 상식 쑥쑥

MOU는 Memorandum of
Understanding의 줄임말이야!

원래는 국가 간의 외교 협상 과정에서 당사국 사이에서 합의된 내용
을 확인하고 기록하기 위해 이용하던 것, 혹은 협정에 따르는 후속 조
치와 관련된 내용을 규정하는 것이었으나 오늘날은 조약의 한 형태로
취급되고 있어. 당연히 조약과 마찬가지로 외교적 구속력도 가져.
일반 기업이나 기관 사이에서도 본계약 체결 이전에 중간 교섭 결과
를 바탕으로 서로 양해된 사항을 확인할 때 사용해. 이 경우 MOU가
법적 구속력을 갖는지 아닌지에 대해서 대법원은 구체적인 내용에
중점을 둬서 판단해야 한다고 밝힌 바 있어.

IOC
International Olympic Committee

아이오씨 | 국제 올림픽 위원회
올림픽 대회를 주최하는 국제 조직

+ 어휘 톡톡

· **international** 국가 간의, 국제적인
The hotel is 10-minute drive from Incheon International Airport.
호텔은 인천 국제공항에서 차로 10분 거리에 있다.

· **Olympic** 올림픽의
Seven cities have expressed interest in hosting the 2026 Winter Olympic Games.
일곱 도시가 2026년 동계 올림픽 경기 개최에 관심을 표시했다.

· **committee** 위원회
The advisory committee will meet to reach a final decision.
자문 위원회는 최종 결정을 내리기 위해 만날 것이다.

+ 상식 쑥쑥

IOC는 International Olympic Committee의 줄임말이야!

올림픽은 인종, 종교, 이념을 초월해 스포츠를 통한 세계 평화 증진을 목표로 하는 세계 최대의 스포츠 축제야. 2년마다 하계 올림픽과 동계 올림픽으로 번갈아 가며 열리고 있지.

IOC는 올림픽 준비에 대한 전반적인 책임을 맡은 조직이야. IOC 위원은 각종 스포츠 현안에 대한 큰 권한과 영향력을 가지고 있어서 스포츠계 최고의 명예직으로 여겨져. IOC 위원은 회원국에 비자 없이 입국할 수 있고, 국빈급 대우를 받아.

ESTA
Electronic System for Travel Authorization

이스타 | 전자 여행 허가제
미국 무비자 입국을 위해 온라인
으로 여행 허가를 신청하는 제도

+ 어휘 톡톡

· **electronic** 전자의, 전자 장비와 관련된
We produce small electronic appliances.
우리는 소형 가전제품을 생산합니다.

· **system** 시스템

· **travel** 여행, 출장, 이동; 여행하다, 이동하다
This position requires frequent travel.
이 자리는 잦은 출장을 요구한다.

· **authorization** 허가, 인가
You may not access the facility without
authorization.
당신은 허가 없이는 시설에 접근할 수 없습니다.

+ 상식 쑥쑥

ESTA는 Electronic System for Travel Authorization의 줄임말이야!

한국은 2009년부터 미국 비자 면제 프로그램에 가입되어 있어서
90일까지는 비자 없이도 미국 방문이 가능해. 다만 비자 없이 미
국을 방문하기 위해 최소 출국 72시간 전에 꼭 ESTA를 신청해야
하지. ESTA는 신청은 온라인으로만 이루어져.
종종 ESTA 비자라고 부르는 경우도 있던데 ESTA는 비자의 종류
가 아니고 여행 허가제야. 또 ESTA가 승인되어도 입국 심사를 통
과하지 못할 수도 있어. ESTA 승인은 2년까지 유효해. 만약 ESTA
승인 거절을 받았으면 미국 대사관에서 B1/B2 비자를 발급받아야
미국 입국이 가능해.

기억에 쏙쏙

1 **FTA** 자유무역 협정	**F** ▢▢▢		자유로운
	T ▢▢▢▢		무역
	A ▢▢▢▢▢▢▢▢▢		협정
2 **ESTA** 전자 여행 허가제	**E** ▢▢▢▢▢▢▢▢▢		전자의
	S ▢▢▢▢▢ **for**		시스템
	T ▢▢▢▢▢		여행
	A ▢▢▢▢▢▢▢▢▢▢▢▢		허가
3 **UN** 국제연합	**U** ▢▢▢▢▢		연합한
	N ▢▢▢▢▢▢ **s**		국가, 국민
4 **MOU** 양해각서	**M** ▢▢▢▢▢▢▢▢▢ **of**		메모, 각서
	U ▢▢▢▢▢▢▢▢▢▢▢▢		이해, 합의
5 **DMZ** 비무장지대	**D** ▢▢▢▢▢▢▢▢▢▢▢ **d**		무장 해제된
	Z ▢▢▢		지구, 지역
6 **NLL** 북방 한계선	**N** ▢▢▢▢▢▢▢		북쪽에 위치한
	L ▢▢▢▢		한계, 한도
	L ▢▢▢		선, 줄

재미로 보는 약어 8 건물명과 교통수단

🔍 재미로 보는 약어

건설 당시 주변 환경과 조화를 이루는지를 놓고 논란이 많았던 DDP는 어느새 서울을 대표하는 랜드마크가 되었어. 뉴욕 타임스가 2015년 꼭 가봐야 할 명소 중 하나로 꼽기도 했지. DDP 외에도 약어로 불리는 서울의 유명 장소가 있는데 이들은 과연 어떤 단어들의 줄임말인지 같이 보자.

➕ 약어 속 필수 영단어

DDP   Dongdaemun Digital Plaza
동대문   디지털의   광장, 쇼핑센터
'디자인·창조산업의 발신지'를 모토로 하는 복합문화공간

COEX   Convention and Exhibition Center
대회, 집회   전시(회), 진열   센터
서울 강남구 삼성동에 있는 전시회 및 국제회의 시설

DMC   Digital Media City
디지털의   매체   도시
서울 마포구 상암동에 조성된 디지털 미디어, 엔터테인먼트 산업 단지

IFC   International Finance Centre
국제적인   재정, 금융   센터
서울 여의도에 위치한 대형 복합상업건물

비영어권 국가에 갔을 때 현지 언어를 따로 익혀놓지 않은 사람이라면, 평소에는 영어와 친하지 않았더라도 간절히 영문 표지판을 찾았던 경험이 있을 거야. 아마 우리나라를 방문한 외국인들도 알파벳 약자로 부를 수 있는 곳들에 조금 더 편안하게 다가갈 수 있을지도 몰라.

이것만은 꼭!

1) 영어로 소통하려면 이 정도는 알아둬
2) 나는 라틴어에서 왔어
3) 단어 하나도 더 짧게

영어로 소통하려면
이 정도는 알아둬

① TBA   **To Be Announced**
공지되다

추후 공지 예정이라는 뜻이야. 모임 장소가 아직 정해지지 않았을 때, 곧 출시할 제품을 미리 소개하는 글에서 가격이나 출시 일정 등 아직 밝힐 수 없는 세부 내용이 있을 때 TBA라고 적어 놔. 비슷한 표현인 TBD(To Be Determined, 추후 결정 예정), TBC(To Be Confirmed, 추후 확인 예정)도 같이 알아 둬.

② ASAP   **As Soon As Possible**
~ 하자마자   가능한

가능한 한 빨리라는 뜻이야. 급하게 처리해야 하는 업무임을 표현하기 위해서 써. 한국 회사에서 업무 할 때는 아마 아삽이라고 많이 읽을 거야. 영미권 사람들은 글자 하나씩 에이에스에이피라고 읽거나 에이셉으로 읽어.

③ AFAIK   **As Far As I Know**
~하는 한   알다

내가 알기로라는 뜻이야. 내가 말하는 내용이 내 지식 범위 내의 정보임을 나타내는 표현이니 내가 알고 있는 것이 진짜 정확한지 확신할 수 없을 때 문장 앞이나 뒤에 덧붙여 사용하면 돼.

Rest In Peace
쉬다　　　　평화

평안히 쉬소서라는 뜻으로 애도를 표하기 위해 사용해. 우리나라 정서로는 가장 정중하게 예의를 차려야 할 상황에서 축약어를 쓴 다는 게 이해가 안 될 수도 있어. 하지만 RIP는 묘비에도 사용하는 공식적인 표현이야.

 Also Known As
또한　　　알려진　　~라고

~라고도 알려진, 일명이라는 뜻이야. 본명만큼 별칭으로도 알려 진 사람에 관해 말할 때 본명 뒤에 'aka+별칭'을 붙여 써. 프랑스 의 루이 14세는 태양왕이라는 별칭으로도 유명하잖아. 그러면 루 이 14세에 대해 말할 때 King Louis XIV, aka the Sun King 이렇게 쓸 수 있어. 에이케이케이라고 한 글자씩 읽어.

 For Your Information
~을 위해　　　　　정보

참고로라는 뜻이야. 반드시 그에 대해 조처를 해야 하는 필수 정보 는 아니지만, 알아두면 도움이 될 만한 정보임을 표현해. 일상 대 화에서도, 업무 이메일에서도 자주 쓸 수 있는 유용한 약어야. 일 반적으로 문장 맨 앞에 와.

(7) TMI **Too Much Information**
너무 많은 　　　　정보

과도한 정보라는 뜻이야. 대화하다 보면 원하지 않더라도 타인의 개인적이고 사소한 이야기를 너무 많이 듣게 될 때가 있어. 또는 궁금하지 않은 이야기를 시시콜콜 말해주는 사람도 있지. 듣는 사람 입장에서 판단하기에 지나치게 상세한 정보일 때 혹은 더 알고 싶지 않은 정보일 때 'That's TMI.'라고 말해.

(8) ETA **Estimated Time of Arrival**
예정된 　　시간 　　도착

도착 예정 시간이라는 뜻이야. 기차나 비행기같이 먼 거리를 이동하는 교통수단은 도착 예정 시간을 제공하여 일정 관리가 불편하지 않게 해줘. 무역에서도 제품 도착 예정 시간을 통지하기 위해 많이 써. 출발 예정 시간은 ETD(Estimated Time of Departure)라고 해.

(9) EOD **End of Day**
끝 　　날, 하루

당일까지라는 뜻이야. 일 마무리나 서류 제출 기한을 당일까지로 명시해 줄 때 사용해. EOD를 익혔으니 응용 표현인 EOW(End of Week)도 찰떡같이 이해할 수 있겠지?

10 BYOB
Bring **Y**our **O**wn **B**ottle(Booze/Beer)
가져오다　너의　자신의　병　　술　　맥주

자기가 마실 음료는 직접 가지고 오라는 뜻이야. 파티 초대장에서 만날 수 있는 줄임말이지. 우리나라는 초대한 측에서 모든 것을 대접하는 것이 일반적이지만 미국에서는 모임 주최자가 음료를 제공하지 않고 손님들이 마시고 싶은 음료를 직접 가지고 와서 즐기는 형태의 파티도 흔해.

11 ICYMI　**I**n **C**ase **Y**ou **M**issed **I**t
~의 경우　　　　놓치다

혹시 놓쳤을까 봐라는 뜻이야. 상대방이 어떤 정보를 놓친 것 같아서 되짚어주거나 읽어봄 직한 글에 링크를 걸며 주의를 끌고 싶을 때 사용해.

12 OOO　**O**ut **o**f **O**ffice
밖에　　사무실

사무실 밖에 있다는 뜻이야. 출장이든 휴가든 사정이 있어 사무실을 비웠으므로 업무를 처리할 수 없는 상황이라는 것을 나타내는 표현이야.

(13) AWOL **Absent Without Leave**

결근한, 부재한 　~없이　 휴가, 허가

허가받지 않은 결근 즉, **무단결근**이라는 뜻이야. 군대에서 군인이 무단으로 빠져나간 것을 나타내는 표현이었는데, 학생이 학교를 무단결석하거나, 직장인이 회사를 무단결근할 때도 사용하게 되었어. 회화에서 쓸 때는 에이월이라고 읽으면 돼.

(14) IMO **In My Opinion**

나의　 의견

내 생각에라는 뜻이야. 의견이나 주장을 말할 때 써. 응용표현으로 humble(겸손한)을 붙인 IMHO(In My Humble Opinion)도 있어. 우리말로는 '저의 변변찮은 소견으로'와 비슷하게 자신을 낮추는 표현이야.

(15) BTW **By The Way**

그나저나

그나저나, 그건 그렇고라는 뜻이야. 풀이를 보니 이미 익숙한 표현이지? 대화 중에 다른 화제로 옮겨갈 때 써. way는 전치사와 함께 다양한 관용 표현을 만들어. in the way는 '길을 막는, 방해하는'이란 뜻이고, on the way는 '도중에'라는 뜻이야.

⑯ TTYL   **Talk To You Later**
말하다   나중에

나중에 또 얘기하자는 뜻이야. 조금 더 정감 있게 채팅이나 문자 대화를 마무리할 수 있는 표현이지. TTYS(Talk To You Soon)도 비슷하게 쓸 수 있어.

⑰ BRB   **(I'll) Be Right Back**
곧바로   돌아와서

금방 돌아온다는 뜻이야. 메신저로 얘기하던 중 잠깐 화장실에 간다거나 급한 일이 생겨서 자리를 비워야 할 때 말없이 사라지면 상대가 당황할 수 있으니 잠시 자리를 비운다고 알려주기 위해 사용해.

⑱ LOL   **Laughing Out Loud**
깔깔 웃다   크게

정말 웃긴다는 뜻이야. 채팅이나 메시지를 주고받으며 대화할 때는 서로 모습이 보이지 않으니, 친구가 재미있는 말을 던졌을 때 웃음이 빵 터진 내 상황을 텍스트로 알려주는 거지. LMAO(Laughing My Ass Off), ROFL(Rolling on the Floor Laughing)도 같은 상황에서 쓸 수 있는 표현이야.

⑲ TL;DR   **Too Long; Didn't Read**
너무   긴   읽다

너무 길어서 읽지 않았다는 뜻이야. 단순히 글이 길어서 못 읽겠다는 의사 표현을 하기 위해 사용하는 경우도 있고, 긴 글 밑에 짧은 요약본을 제시할 때 사용하기도 해. 빠르게 소화할 수 있는 정보를 선호하는 인터넷 이용자의 특성을 잘 반영하는 용어야.

⑳ OMG   **Oh, My Goodness / Gosh**
선량함   어이쿠(감탄사)

맙소사라는 뜻의 감탄사야. 정말 많이 쓰이는 축약어지. 한국 사람들이 'Oh, my God'이라는 감탄사를 많이 쓰는데 정작 미국에서는 잘 사용하지 않아. 물론 아직 습관처럼 사용하는 사람들이 남아있을 수는 있지만 종교적으로 껄끄러울 수 있어서 사용을 자제하는 추세야. 대신 발음이 비슷한 'Oh, my goodness' 혹은 'Oh, my gosh'를 써.

㉑ 24/7   **24 hours a day, 7 days a week**
시간   하루에   일주일에

하루 24시간 7일 내내라는 뜻이야. 즉 '연중무휴', '언제나'라는 의미지. 상점 영업시간을 표시할 때도 사용하고, 일반적인 대화에서 constantly(끊임없이)를 대체해서 사용할 수도 있어. 읽을 때는 'twenty four seven'이라고 해.

WFH **W**orking **F**rom **H**ome
일하다 ~에서 집

재택근무 중이라는 뜻이야. 메신저 상태 표시에 WFH라고 해놓으면 회사 동료나 거래처에게 지금 재택근무 중이라 사무실에 없음을 알릴 수 있어. 'I'll be WFH today', 'I'm WFH'처럼 문장 속에서도 사용해.

 LMK **L**et **M**e **K**now
허용하다 알다

알려달라는 뜻이야. 상대방의 의견을 알고 싶을 때 사용할 수 있어. 예를 들어 모임에 올 수 있는지, 내 의견에 대해 어떻게 생각하는지 물을 때 문장 끝에 LMK를 덧붙이는 거지.

 JK **J**ust **K**idding
그냥 놀리다, 농담하다

농담이라는 뜻이야. 온라인 채팅은 얼굴을 마주 보고 하는 것이 아니라 오해의 소지가 더 많아. 방금 내가 보낸 우스갯소리를 상대방이 잘못 받아들일 수도 있다고 판단이 될 때 재빨리 JK를 덧붙여줘.

25 BAE **Before Anyone Else**
전에, 앞에 누구, 아무 다른

누구보다도 우선인 사람이라는 뜻이야. 다른 누구보다 우선인 대상이나 아주 소중하고 좋아하는 대상임을 말해. 남자 친구나 여자 친구, 소중한 사람을 비롯하여 내 맘에 드는 물건, 음식 등을 다 bae라고 부를 수 있어. bae의 기원을 baby나 babe의 변형으로 보기도 해.

26 NSFW **Not Safe For Work**
안전한 직장

직장에서 보기에 적절하지 않다는 뜻이야. 직장이나 공공장소같이 다른 사람이 내 핸드폰 화면이나 모니터 화면을 볼 수 있는 곳에서 열어봤다가는 이미지에 문제가 생길 수도 있는 콘텐트임을 미리 알려주는 문구야.

27 OOTD **Outfit of the Day**
옷 날, 하루

오늘의 의상이라는 뜻이야. 인스타그램 게시글 해시태그(#)로 자주 접할 수 있지. 오늘 옷차림을 찍어 올리며 패션 감각을 뽐내는 사람들이 많아지면서 널리 알려지게 되었어. 오늘 뭘 입어야 할지 다른 사람들의 스타일을 참고하고 싶을 땐 ootd로 검색해 봐.

나는 라틴어에서 왔어

약어	뜻	풀이	예
A.D.	기원후	Anno Domini	A.D. 2018 기원후 2018년
B.C.	기원전	Before Christ	B.C. 300 기원전 300년
A.M.	오전	Ante Meridiem	11:30 A.M. 오전 11시 30분
P.M.	오후	Post Meridiem	3:15 P.M. 오후 3시 15분
cf.	비교하라	confer	cf. Table 9.2 표 9.2 비교
e.g.	예를 들어	exempli gratia	e.g. spaghetti or linguine 예를 들어 스파게티나 링귀니 면
etc.	등등	et cetera	guitar, piano, violin etc. 기타, 피아노, 바이올린 등
et al.	(사람) 등등	et alii	Duvall et al. (2003) 듀발 등(2003)의 연구
i.e.	즉	id est	arrive an hour late, i.e. at 7 p.m. 1시간 늦게 즉, 오후 7시에 도착하다
no.	번호	numero	no. 30 30번

단어 하나도 더 짧게

약어	뜻	풀이	예
approx.	약	approximate(ly)	approx. 200 people 약 200명
esp.	특히	especially	berries (esp. raspberries) 베리류 (특히 라즈베리)
vs.	~ 대	versus	France vs. Spain 프랑스 대 스페인
qty.	수량	quantity	Total Qty 총 수량
p. **pp.**	페이지 (한 쪽) 페이지 (여러 쪽)	page pages	p. 43 페이지 43 pp. 43~50 페이지 43~50
max	최고, 최대	maximum	max temperature: 220℃ 최고 온도: 220도
min	1) 최소, 최저 2) 분	1) minimum 2) minute	min price 최저 가격 require 30 mins 30분 소요되다
attn	~ 앞, 귀하	attention	attn: John Gould 존 굴드 귀하
dept.	부서	department	Dept. of Education 교육부
ad	광고	advertisement	spend money on TV ads TV 광고에 돈을 쓰다

약어	뜻	풀이	예
ID	신분증	identification	May I see your ID, please? 신분증 좀 볼 수 있을까요?
BBQ	바비큐, 구이	barbecue	a backyard BBQ party 뒷마당 바비큐 파티
HQ	본사	headquarters	move HQ to Boston 보스턴으로 본사를 옮기다
memo	메모, 기록	memorandum	write a memo 메모하다
Jr.	주니어, 아들	Junior	Martin Luther King Jr. 마틴 루터 킹 주니어
K	1,000	kilo	US$30K 미화 30,000달러
info	정보	information	health info 건강정보
qtr	분기	quarter(ly)	2nd qtr 제2분기
w/o	~ 없이	without	w/o any reason 아무 이유 없이
pls **plz**	부디	please	Pls proceed with caution. 부디 조심스럽게 진행하세요.

필수 영단어와 기초 상식을
동시에 잡고 싶은 분들을 위한

매일 10분
기초 영어 + 상식의 기적
필수 영단어가 보이고
지적 대화가 된다!

초판 1쇄 발행　2018년 5월 23일

초판 1쇄 발행　2018년 5월 31일

저자　키 영어학습방법연구소

펴낸이　김기중

펴낸곳　㈜키출판사

전화　1644-8808　/　**팩스**　02)733-1595

등록　1980. 3. 19.(제16-32호)

ISBN 979-11-88808-25-0 (13740)